nuevas
narraciones
españolas 4

JUAN D. LUQUE DURÁN
LUCÍA LUQUE NADAL

nuevas narraciones españolas 4

NIVEL SUPERIOR

SGEL

SOCIEDAD GENERAL ESPAÑOLA DE LIBRERÍA, S. A.

Primera edición, 2002
Segunda edición, 2008

Produce: SGEL - Educación
Avda. Valdelaparra, 29
28108 ALCOBENDAS (Madrid)

© Juan de Dios Luque Durán y Lucía Luque Nadal, 2002
© Sociedad General Española de Librería, S. A., 2002
Avda. Valdelaparra, 29 - 28108 ALCOBENDAS (Madrid)

ISBN: 84-7143-901-8
Depósito Legal: M. 12.458-2008
Printed in Spain - Impreso en España

Ilustraciones: Víctor Moreno López
Cubierta: Carla Esteban

Composición e impresión: Nueva Imprenta, S. A.

Queda prohibida, salvo excepción prevista en la Ley, cualquier forma de reproducción, comunicación pública y transformación de esta obra sin contar con autorización de los titulares de propiedad intelectual. La infracción de los derechos mencionados puede ser constitutiva de delito contra la propiedad intelectual (art. 270 y ss. Código Penal). El Centro Español de Derechos Reprográficos (www.cedro.org) vela por el respeto de los citados derechos.

CONTENIDO

Presentación	....	7
1.	Cambio de religión	8
2.	Definición de la *nada*	10
3.	La mujer muda	13
4.	Un padre prevenido	15
5.	El robo del paraguas	18
6.	El diamante cortado	20
7.	La cartera perdida	23
8.	Tobías, chatarrero	26
9.	Un billete de tren	28
10.	Una cabeza excepcional	30
11.	Exámenes	32
12.	Una mosca en el café	34
13.	La fortuna familiar	36
14.	El plato mojado	39
15.	El profesor de química	41
16.	Una rifa	44
17.	El préstamo	47
18.	Las costumbres cambian	49
19.	El perro católico	52
20.	Taxi gratis	54
21.	Comiendo hierba	56
22.	Por si acaso	58
23.	El mártir de la ciencia	61
24.	Tobías, cazador	64
25.	Atasco en la ciudad	66
26.	Una receta de cocina	69
27.	El presidente y la florista	72
28.	El coleccionista	75
29.	La cuchara de plata	78

30.	El viajero impertinente	81
31.	Tobías pasa hambre	83
32.	Todo es relativo	85
33.	Bajo el puente	87
34.	Tobías, predicador	89
35.	Ni mujeres, ni perros	91
36.	El burro cojo	93
37.	La compañía de Jesús	95
38.	El profesor expeditivo	98
39.	En el circo	101
40.	En la iglesia, sin velo	104
41.	Una cabeza dura	107
42.	Un general moderno	109
43.	La saltimbanqui	111
44.	Tobías y la táctica militar	114
45.	La fe mueve montañas	116
46.	Perito en la materia	118
47.	El barómetro	120
48.	El mote	122
49.	Veterinario *amateur*	124
50.	La divina providencia	126
Glosario		129

PRESENTACIÓN

Aprender y enseñar una lengua no ha de ser necesariamente una tarea aburrida y fatigosa. Una manera amable de crear interés por la lengua española en el estudiante es ofrecerle textos fáciles que le permitan introducirse gradualmente en el español para ir adquiriendo de forma progresiva un mejor dominio de este idioma. Esta manera fácil de aprender español exige, pues, la utilización de textos graduales en complejidad léxica y gramatical, que además posean un contenido humorístico que motive al lector a leerlos hasta el final.

En las *Nuevas Narraciones Españolas* se reproduce el habla coloquial y diaria de los españoles y se presentan numerosas situaciones que ilustran distintos aspectos del carácter español y de la vida en España. La mayoría de las narraciones cuentan las aventuras de Tobías, peculiar personaje que, junto a su familia y amigos, nos introduce en la vida cotidiana de un pueblo típico español, con sus gentes y sus costumbres.

Estas *Nuevas Narraciones Españolas* se estructuran en cuatro niveles: Nivel elemental; Nivel medio; Nivel avanzado y Nivel superior. Lo que caracteriza a cada nivel sucesivo no es sólo la limitación del vocabulario, sino también la simplicidad gramatical y estructural de las historias. Dichas historias contienen numerosos ejemplos de las estructuras sintácticas y la morfología gramatical más frecuente en español. Se ha prestado un especial interés en repetir las palabras y estructuras que aparecen con mayor frecuencia en la lengua española. Las expresiones idiomáticas y coloquiales que aparecen se explican al final del texto.

Cada uno de los libros contiene 50 historias, de extensión variable según el grado de dificultad, que van acompañadas de ejercicios de explotación del texto. Así mismo, existe al final de cada libro un glosario de todas las palabras con su correspondiente traducción al inglés.

LOS AUTORES

CAMBIO DE RELIGIÓN

Unos conocidos habían ofrecido a Tobías participar en un negocio de compraventa de **acciones**. Tobías no sabía casi nada de **bolsa** y temía que en vez de ganar mucho dinero, pudiera perder su **ahorros**. **Atormentado por la duda**, fue a pedir consejo a don Cosme, el cura del pueblo:

—Don Cosme, ¿qué debo hacer? Me han ofrecido participar en un negocio muy importante, con el que puedo ganar mucho dinero. ¿Cree que debo participar en el negocio?

—Naturalmente, hijo mío —respondió el cura—, participa en el negocio.

—Sí —replicó Tobías—, pero es que el negocio se basa en la **especulación**, ¿sabe usted? Tengo que invertir bastante dinero y puedo perderlo.

—Entonces no te **arriesgues**.

—Ya, señor cura, pero si no me arriesgo, no ganaré nada.

—Entonces, arriésgate, hijo mío.
—Pero es que… si llevo a cabo el negocio, pondré en peligro toda mi fortuna, y si la pierdo, mi mujer y mis hijos se quedarán sin nada.
—En ese caso, hijo, no lo hagas.
—Don Cosme, por favor, usted es un hombre sabio, aconséjeme. ¿Qué debo hacer?
—Hijo mío, hazte protestante.
—Pero señor cura, ¿usted cree que eso me ayudará?
—No, pero de aquí en adelante molestarás al pastor protestante, en vez de a mí.

1. Expresiones y léxico

acción: cada una de las partes en que se considera dividido el capital de una sociedad anónima.
bolsa: mercado financiero en el que se compran y venden acciones.
ahorros: dinero que guarda la gente como previsión para necesidades futuras.
atormentado por la duda: sin saber qué hacer.
especulación: conjunto de actividades de compra y venta financiera, para ganar dinero.
arriesgar: poner en situación de peligro a algo o a alguien.

2. Actividades de comprensión

— ¿Por qué fue Tobías a visitar a don Cosme?
— ¿Qué era lo que iba a realizar Tobías?
— ¿Qué podía ganar con el negocio?
— ¿En qué se basaba el negocio que quería hacer?
— ¿Qué le aconsejó el cura que hiciese?
— ¿Qué pasaría si Tobías no realizaba el negocio?
— ¿Qué arriesgaba Tobías en él?
— ¿Qué le aconsejó finalmente el cura a Tobías?
— ¿Le ayudaría ese consejo en su negocio?
— ¿Por qué le aconsejó don Cosme que se cambiara de religión?

3. Temas para debate

— La indecisión.

2 DEFINICIÓN DE LA *NADA*

En las Escuelas de Formación Profesional los alumnos aprenden cosas prácticas, tales como **carpintería**, electricidad, **albañilería**, pintura, **fontanería**, mecánica… Naturalmente también tienen clases de materias teóricas, como matemáticas, física, lengua española, inglés…

Estas asignaturas no suelen ser **tomadas** muy **en serio** por los estudiantes, porque saben que en el futuro se van a ganar la vida como carniceros, albañiles, trabajando en una fábrica, etc., y no como profesores, abogados o médicos.

El catedrático de Filosofía de una Escuela de Formación Profesional estaba acostumbrado a que los alumnos no le respondieran cuando hacía preguntas en clase. **De hecho**, hacía preguntas que siempre se respondía él mismo. No creía que sirviera para nada lo que explicaba en clase, pero tenía que hacerlo porque, para eso, le pagaban.

Un día este profesor preguntó a sus alumnos:
—¿Qué es la nada?
Un alumno levantó la mano.
—¿Sí? —dijo, extrañado, el profesor.
—Yo lo sé.
—¡Estupendo! ¡Dígalo, entonces!
—*Nada* es lo que me dio usted ayer por hacerle una revisión al motor, por mirar la **presión del aire** de los **neumáticos**, por comprobar el **líquido de frenos** y el **nivel** de aceite del motor, y por lavar el coche.

1. Expresiones y léxico

carpintería: actividad que consiste en construir y arreglar objetos de madera.
albañilería: actividad que consiste en construir edificios, muros...
fontanería: actividad que consiste en arreglar las tuberías del agua o del gas.
tomar en serio: dar a alguien o a algo la importancia que merece.
de hecho: en realidad, en la práctica.
presión del aire: cantidad de aire en las ruedas de un vehículo.
neumático: cubierta de goma de las ruedas.
líquido de frenos: sustancia que hace frenar a un vehículo.
nivel: altura que alcanza un líquido en un depósito.

2. Actividades de comprensión

— ¿Dónde aprenden los alumnos cosas prácticas?
— ¿Qué cosas prácticas aprenden?
— ¿Qué asignaturas tienen, además, los alumnos de estas escuelas?
— ¿Cómo se toman las clases no prácticas?

— ¿Por qué los alumnos se toman así estas clases?
— ¿Cómo no se van a ganar la vida?
— ¿A qué estaba acostumbrado el catedrático de Filosofía?
— ¿Por qué explicaba en clase, si nadie le escuchaba?
— ¿Qué preguntó un día?
— ¿Qué hizo uno de los alumnos?
— ¿Qué le dijo el profesor?
— ¿Qué era la nada para el alumno?

3. Temas para debate

— Asignaturas importantes y asignaturas secundarias.

3 LA MUJER MUDA

Tobías solía salir todas las noches con sus amigos. En el pueblo había muy buenos bares, y Tobías y sus compañeros estaban bebiendo y charlando hasta muy tarde.

Muchas veces Tobías no volvía a casa hasta la **madrugada**. A Severiana, su mujer, las salidas nocturnas de su marido no le gustaban nada.

En una ocasión Tobías pasó tres días de **juerga** con su grupo de amigos, sin aparecer por casa. Al llegar, vio a su mujer sentada junto a la entrada. Tobías le dijo:

—Buenos días, querida.

La mujer de Tobías se quedó sin hacer nada, ni un movimiento. Tobías **insistió**:

13

—¿Estás bien? ¿Te pasa algo?
La mujer siguió sin decir nada, ni hacer un **gesto**.
—¿Puedes hablar?, ¿puedes decir lo que te pasa? —insistió él.
La mujer siguió igual y Tobías salió de casa. Al rato volvió, acompañado del cura y de un **monaguillo**. Señalando a la mujer, que seguía sentada junto a la puerta, Tobías dijo:
—Corra padre, dele la **extremaunción**, que la pobre **está en las últimas**.

1. Expresiones y léxico

madrugada: hora de la noche cercana al amanecer.
juerga: fiesta, generalmente con los amigos.
insistir: decir lo mismo varias veces.
gesto: movimiento del rostro o de las manos con el que se indica algo.
monaguillo: niño que ayuda en las celebraciones de la iglesia.
extremaunción: nombre que antiguamente se daba al sacramento que hoy se llama *unción de los enfermos*, y que se administra a los moribundos.
estar en las últimas: estar en una situación límite, estar próximo a la muerte.

2. Actividades de comprensión

— ¿Dónde había estado Tobías?
— ¿Cuántos días había estado fuera de su casa?
— ¿Dónde estaba Severiana?
— ¿Qué le dijo Tobías a su mujer?
— ¿Qué hizo ella?
— ¿Qué le preguntó Tobías a Severiana?
— ¿Cómo reaccionó la mujer?
— ¿Qué hizo Tobías al ver que su mujer no le respondía?
— ¿Con quién vino acompañado Tobías?
— ¿Qué le dijo Tobías al cura?

3. Temas para debate

— El alcoholismo.

4 UN PADRE PREVENIDO

En un departamento del tren que **hace el trayecto** Sevilla-Córdoba estaban sentados dos hombres. Uno de ellos era un señor de mediana edad, que parecía ser un rico comerciante; el otro era un joven de aspecto agradable.

El joven preguntó:

—Perdone usted, ¿podría decirme qué hora es?

Tras un momento de silencio, el señor contestó:

—**¡Váyase al infierno!**

—¿Por qué me contesta usted así? —dijo, ofendido, el joven—. Yo le he preguntado **cortésmente** qué hora es y creo que eso no es motivo para que me responda usted tan **groseramente**.

—Jovencito —le dijo el señor—, estoy acostumbrado a terminar enseguida cualquier situación que no lleve a buen camino desde el mismo momento que comienza.

—Muy bien; entonces, ¿por qué…?

—Usted me ha preguntado qué hora era. Si le hubiera dado una respuesta amable, habríamos llegado a la típica conversación sobre el tiempo, los negocios o la política… Entonces, **una cosa llevaría a la otra**.

Usted es andaluz, yo también. Yo vivo en Córdoba; usted, puede que no, pero viaja hacia allí. Por tanto, lo más correcto sería que yo le invitara a mi casa.

Yo tengo una hija, una muchacha joven y guapa, y usted, jovencito, es joven y elegante y parece simpático. Seguramente, ambos se encontrarían atractivos, vivirían un **romance**, luego se enamorarían y después vendría usted a pedirme la mano de mi hija; sería lo más natural del mundo.

Y si es lo más natural del mundo —se preguntará—, entonces, ¿por qué todo esto? Pues es muy simple: le he dicho que se fuera al infierno… ¡porque no quiero que mi hija se case con un hombre que ni siquiera tiene reloj!

1. Expresiones y léxico

prevenido: preparado para lo que pueda ocurrir.
hacer el trayecto: recorrer el camino entre dos lugares.
¡váyase al infierno!: expresión violenta con la que se da a entender que no se quiere hablar con alguien.
cortésmente: con educación y buenas maneras.
groseramente: con malos modos, sin educación.
una cosa llevaría a la otra: un hecho surgiría como consecuencia de otro.
romance: relación amorosa o sentimental de corta duración.

2. Actividades de comprensión

— ¿Dónde se desarrolla la historia?
— ¿Adónde se dirigían los dos protagonistas?

— ¿Cómo eran estas dos personas?
— ¿Qué preguntó el hombre joven al otro?
— ¿Cómo le contestó el señor?
— ¿Qué le respondió el joven?
— ¿De dónde era el señor?
— ¿Qué habría sido lo correcto por su parte?
— ¿Qué pasaría con su hija?
— ¿Por qué no quería un novio así para su hija?

3. Temas para debate

— Conversaciones de compromiso.

5 EL ROBO DEL PARAGUAS

   Un día Tobías fue, muy preocupado, a visitar a don Cosme, el cura de Villarriba.
   —Señor cura —dijo Tobías—, me han robado un paraguas. Pero no un paraguas normal; en ese caso, no estaría yo aquí. El paraguas del que le hablo tiene un **puño** de plata y **marfil**, y pertenecía a mi padre.
   —Y ¿sospechas de alguien? —preguntó pacientemente don Cosme.
   —Sí, hay un par de personas que creo que han podido hacerlo.
   —Entonces —dijo el cura—, yo, en tu lugar, haría lo siguiente: prepararía una buena comida con los mejores **manjares** e invitaría a comer a todos

los sospechosos. Tras la comida les leerías los diez mandamientos. Entonces, al llegar al séptimo, *no robarás*, tendrías que examinar las caras de todos los presentes. Así reconocerías cuál de ellos te ha robado el paraguas.

Tobías agradeció al cura su consejo y se fue.

Dos semanas después, se encontró a don Cosme en la calle.

—¿Te ayudó mi consejo? —preguntó el cura.

—Sí, muchas gracias; hice exactamente lo que usted me indicó y **recuperé** mi paraguas.

—Entonces, ¿reconociste al ladrón haciendo lo que yo te dije?

—Bueno, señor cura, no exactamente... Es que cuando llegué al sexto mandamiento, recordé dónde me había dejado olvidado el paraguas.

1. Expresiones y léxico

puño: mango, extremo del paraguas, por donde se agarra.
marfil: material duro y blanco, muy valioso, sacado de los colmillos de los elefantes.
manjar: comida deliciosa.
recuperar: volver a poseer algo que se había tenido anteriormente.

2. Actividades de comprensión

— ¿Por qué fue Tobías a visitar a don Cosme?
— ¿Cómo era el paraguas que le habían robado?
— ¿A quién había pertenecido?
— ¿Sospechaba Tobías de alguien?
— ¿Qué consejo le dio el cura?
— ¿Qué tenía que hacer Tobías después de que todos hubieran comido?
— ¿Cumplió el consejo?
— ¿Recuperó su paraguas?
— ¿Quién se lo había robado?
— ¿Dónde se lo había dejado olvidado?

3. Temas para debate

— Personas despistadas.

6 EL DIAMANTE CORTADO

Cierto **constructor**, uno de los hombres más ricos de la ciudad, había comprado un valiosísimo diamante. Con él quería mandar hacer un collar para su mujer. Para ello había que cortar por la mitad la piedra preciosa y, luego, **pulirla**.

El constructor visitó a muchos joyeros, pero todos se negaban a realizar el trabajo, ya que había peligro de estropear la piedra. Por fin le **recomendaron** que visitase a un joyero muy anciano, que tal vez estuviera dispuesto a arriesgarse. Este joyero tenía una pequeña tienda en una **callejuela**, en el barrio más pobre de la ciudad.

Al llegar a la humilde joyería, el constructor fue saludado por un hombrecillo **canoso**, que aceptó el trabajo sin dudar. El hombrecillo cogió el diamante y gritó:

—¡Chico, ven aquí!

Entonces apareció un joven de unos dieciséis años.

—Chico —dijo el joyero—, ¿ves esta piedra? Pues cógela y córtala en dos mitades iguales.

El chico cogió el diamante, **sin inmutarse**, y se metió detrás de la pared, donde se encontraba el taller. Se oyó un rápido **crujido** y el chico volvió con la piedra limpiamente cortada en dos. El constructor se quedó muy asombrado y, después de pagar al joyero, le preguntó:

—Señor, ¿cómo es posible? Los joyeros más destacados de la ciudad se han negado a cortar el diamante. Usted, sin embargo, ha confiado el trabajo a un aprendiz. ¿Es acaso un especialista?

—En absoluto —contestó el anciano—. Es sólo un aprendiz. Los otros joyeros se han negado a realizar el trabajo, porque conocían el valor del diamante y el riesgo que suponía cortarlo. Pero este chico no sabía el tesoro que tenía en las manos. Eso ha hecho que no le **temblara** la mano al cortar el diamante.

1. Expresiones y léxico

constructor: empresario que se dedica a construir y vender casas.
pulir: alisar y dar brillo a la superficie de una cosa.
recomendar: aconsejar a alguien que haga una cosa.
callejuela: calle pequeña y estrecha.
canoso: con el pelo blanco.
sin inmutarse: sin alterarse, con toda tranquilidad.
crujido: ruido que hacen algunos materiales al rozar con otros o al romperse.
temblar: moverse involuntariamente, por el miedo o por la emoción.

2. Actividades de comprensión

— ¿Qué había comprado el constructor?
— ¿Qué quería hacer con el diamante?

- ¿Por qué todos los joyeros se negaban a cortarlo?
- ¿Dónde estaba la tienda del único joyero que accedió a cortarlo?
- ¿Cómo era el dueño de la tienda?
- ¿Quién cortó por fin el diamante?
- ¿Por qué se quedó asombrado el constructor?
- ¿Era un especialista el muchacho?
- ¿Por qué el dueño de la joyería mandó a un simple ayudante cortar el diamante?
- ¿Qué era lo que no le temblaba al chico?

3. Temas para debate

- La ignorancia es atrevida.

7 LA CARTERA PERDIDA

Tobías (se) encontró una vez en la calle una cartera en la que había cien mil pesetas. Se alegró mucho, ya que en esos momentos estaba pasando por una **etapa** de **estrechez económica**. Así que cogió la cartera y se fue, feliz, a su casa.

Dos días después fue a la iglesia y en el **sermón**, el cura habló de la pérdida de una cartera, diciendo que pertenecía a un hombre muy rico, que daría una gran **recompensa** a la persona que se la devolviera.

Tobías comenzó a dudar si devolver la cartera o no. Aquella noche no pudo dormir y al día siguiente se decidió a devolver la cartera a su dueño.

23

Así lo hizo y, al ver que el hombre rico no tenía intención de darle nada, Tobías le dijo:

—Bueno, ¿no había **prometido** usted una gran recompensa a quien devolviese la cartera?

—¡Cómo! —exclamó el otro—. ¿Todavía me exiges una recompensa? En mi cartera había doscientas mil pesetas y tú ya te has llevado la mitad.

—Vayamos a ver al señor cura —propuso Tobías—, y que sea él quien decida si es justo que me dé o no la recompensa.

Se fueron a ver a don Cosme y éste preguntó al hombre rico:

—¿Cuánto dinero tenía en la cartera perdida?

—Doscientas mil pesetas.

—¿Cuánto había en la cartera cuando Tobías se la devolvió?

—Cien mil pesetas.

—Entonces esta cartera no puede ser la misma. Así que lo que debes hacer es devolvérsela a Tobías con todo el dinero, para que él la guarde hasta que aparezca su verdadero dueño.

1. Expresiones y léxico

etapa: fase, época, período de tiempo durante el que sucede algo.
estrechez económica: situación en la que se tiene poco dinero y muchos gastos.
sermón: homilía, predicación que un cura hace en la iglesia.
recompensa: cantidad de dinero que se da como premio por algo.
prometer: asegurar que se va a hacer algo.

2. Actividades de comprensión

— ¿Qué se encontró Tobías en la calle?
— ¿Cuánto dinero había en la cartera?
— ¿Adónde fue Tobías dos días después?
— ¿De qué habló don Cosme en su sermón?
— ¿Sobre qué comenzó a dudar Tobías?
— ¿Qué decidió hacer por fin?
— ¿Que le dijo al dueño del dinero después de devolverle la cartera?

— ¿Qué propuso Tobías cuando el dueño se negó a darle la recompensa?
— ¿Qué preguntó don Cosme al hombre rico?
— ¿Que dijo al oír la respuesta del dueño de la cartera?

3. Temas para debate

— La honradez y las recompensas.

8 TOBÍAS, CHATARRERO

Al terminar el servicio militar, Tobías buscó trabajo desesperadamente.

En un periódico leyó un anuncio en el que se decía que en la **chatarrería** *Hernández y Fernández* necesitaban un conductor. Tobías tenía permiso de conducir, así que decidió ir a pedir el puesto.

Cuando llegó a la chatarrería, se presentó al dueño, un hombre gordo y sudoroso, con la cara muy roja. El dueño miró a Tobías y dijo, sin más preguntas:

—Estás **contratado. Llevarás** un camión y recogerás chatarra.

—Bueno —dijo Tobías—, tengo permiso de conducir pero sólo es válido para coches, no para camiones. Además, no tengo experiencia en eso de la chatarra.

—El permiso de conducir que tienes es suficiente —replicó el chatarrero— y, además, cualquier persona tiene suficiente experiencia para este trabajo. Tú vas por las calles y por los caminos, y cuando veas un trozo de hierro tirado en el suelo, un trozo de tubería, una bicicleta…, paras y los echas al camión.

—¡Pero la bicicleta puede tener dueño! —dijo Tobías, asombrado.

—Ahora que lo pienso, chico, este trabajo no es para ti —dijo el hombre—. Todavía no tienes la suficiente experiencia.

1. Expresiones y léxico

chatarrero: persona que se dedica a recoger objetos viejos de metal, para aprovecharlos o venderlos.
chatarrería: lugar en el que se almacenan los metales viejos.
contratar: dar trabajo, emplear a alguien en una empresa.
llevar: ocuparse de algo; en este caso, de conducir un camión.

2. Actividades de comprensión

— ¿Qué buscó Tobías después de terminar el servicio militar?
— ¿Dónde leyó un anuncio de trabajo?
— ¿Dónde se necesitaba un conductor?
— ¿Qué tenía Tobías?
— ¿Cómo era el dueño de la chatarrería?
— ¿Qué le dijo a Tobías?
— ¿Qué era lo que no tenía Tobías?
— ¿Quién puede ser chatarrero, según el dueño del negocio?
— ¿Qué era lo que tenía que hacer Tobías en su trabajo?
— ¿Qué contestó al dueño de la chatarrería?
— ¿Qué le dijo el chatarrero después de oír su respuesta?

3. Temas para debate

— Negocios poco claros.

pantalón con peto

9 UN BILLETE DE TREN

Tobías iba en tren a Madrid. El **revisor** llegó al departamento que ocupaban Tobías y otras cinco personas y pidió que le mostraran sus billetes. Todos los pasajeros sacaron sus billetes y se los fueron entregando al revisor, quien los inspeccionó y devolvió **uno por uno**.

Sólo Tobías tenía, **al parecer**, dificultades para encontrar su billete. Buscó en la cartera, en los bolsillos de la chaqueta y del pantalón y, finalmente, ya un poco nervioso, abrió su maleta y se puso a buscar entre la ropa. En ese momento uno de los pasajeros, un chico de unos veinte años, riendo, le dijo:

—¡Pero si lo tiene usted entre los dientes!

Todos los ocupantes del departamento se rieron; incluso el revisor, que, haciendo un saludo con la mano, salió para continuar con su trabajo.

El joven, todavía sonriendo, le dijo a Tobías:

—¡Qué **despistado** es usted, mire que no darse cuenta de que llevaba el billete en la boca! Se ve que ya está usted viejo y va perdiendo la memoria.

—No creas —respondió Tobías—. Si no lo hubiera **mordido** durante un rato, el revisor se habría dado cuenta de que la fecha era del año pasado.

1. Expresiones y léxico

revisor: persona que, en los transportes públicos, controla que los viajeros lleven su billete.
uno por uno: a cada uno el suyo.
al parecer: por lo que se ve, en apariencia.
despistado: distraído; que no se da cuenta de lo que ocurre a su alrededor, porque está pensando en otras cosas.
morder: apretar algo entre los dientes.

2. Actividades de comprensión

— ¿Adónde iba Tobías?
— ¿Quién entró en el departamento?
— ¿Qué pidió el revisor a todos los viajeros?
— ¿Por qué Tobías se puso nervioso?
— ¿Dónde buscó el billete?
— ¿Dónde lo tenía?
— ¿Quién lo descubrió?
— ¿Cuál fue la reacción de los pasajeros y del revisor?
— ¿Qué le dijo el joven a Tobías, una vez que el revisor se había ido del departamento?
— ¿Por qué había tenido Tobías el billete en la boca?

3. Temas para debate

— Amistades de viaje.

10 UNA CABEZA EXCEPCIONAL

Tobías necesitaba un sombrero para protegerse del sol en los calurosos días del verano. Se dirigió a la sombrerería que había en Villarriba y pidió un sombrero de paja.

El **dependiente** le trajo varios sombreros, pero ninguno de ellos le **venía bien** a Tobías, porque su cabeza era bastante grande. Después de haber probado muchos sombreros, el vendedor volvió con uno excepcionalmente grande.

Tobías se lo puso y se alegró mucho al comprobar que se ajustaba perfectamente a su cabeza.

—¡Perfecto! Me quedo con él —dijo Tobías—. ¿Me puede decir, por favor, cuánto cuesta?

—Son veinte mil pesetas.

—¡Cómo! ¡Si todos los demás costaban **cuatro o cinco mil**!

—**Tenga en cuenta**, señor, que este sombrero es único y no lo va a encontrar en ningún otro sitio —respondió el dependiente.

—Pues usted tenga en cuenta que una cabeza como la mía tampoco la va a encontrar fácilmente. Así que o me lo vende por 5.000 pesetas o se queda con su sombrero —concluyó Tobías.

1. Expresiones y léxico

excepcional: anormal, muy distinto de lo común.
dependiente: vendedor, empleado en una tienda.
venir bien: quedar, sentar bien, ser de la talla adecuada.
cuatro o cinco mil: cuatro mil o cinco mil pesetas.
tener en cuenta: comprender, considerar, no olvidar.

2. Actividades de comprensión

— ¿Qué necesitaba Tobías?
— ¿Para qué quería un sombrero?
— ¿Adónde se dirigió?
— ¿Qué le trajo el dependiente?
— ¿Por qué no le quedaban bien los sombreros de la tienda?
— ¿Qué hizo el dependiente al comprobar que todos los sombreros eran pequeños?
— ¿Cuánto costaba el sombrero grande?
— ¿Qué dijo Tobías al saber el precio del sombrero?
— ¿Por qué costaba tanto?
— ¿Qué le dijo Tobías al vendedor para convencerle de que le rebajara el precio?

3. Temas para debate

— Tallas especiales.

11 EXÁMENES

Daniel, el hijo menor de Tobías, era alumno de la escuela de Villarriba. Un día, al volver a casa, entregó a su padre una carta del maestro. Tobías abrió el sobre y encontró dentro una nota que decía:

> *Sintiéndolo mucho, tengo que comunicarle que he suspendido a su hijo en el examen de matemáticas, por haber copiado del ejercicio de un compañero.*

Tobías, como es lógico, se enfadó mucho y se fue **directamente** a la escuela, para pedir explicaciones al profesor. Éste, muy **pacientemente**, aclaró a Tobías que, al corregir los exámenes, había comprobado que dos

de ellos, el de Daniel y el de Joaquín García, otro chico del curso, tenían todas las respuestas iguales.

—¡Ajá! —dijo Tobías—. Y ¿cómo sabe usted que es mi hijo el que ha copiado del compañero, y no **a la inversa**?

—Pues muy fácil —contestó el maestro, sonriendo—: porque en la respuesta a la tercera pregunta Joaquín ha contestado: *No me la sé*. Y la contestación de Daniel ha sido: *Yo, tampoco*.

1. Expresiones y léxico

directamente: inmediatamente, sin esperar.
pacientemente: con paciencia, con tranquilidad.
a la inversa: al contrario, al revés.

2. Actividades de comprensión

— ¿Quién era Daniel?
— ¿Dónde estudiaba?
— ¿Qué le entregó a su padre al llegar a casa?
— ¿De quién era la carta que recibió Tobías?
— ¿Qué decía la nota que había dentro del sobre?
— ¿Qué le pasó a Tobías cuando leyó la nota?
— ¿Qué hizo después de leerla?
— ¿Qué le dijo el maestro a Tobías?
— ¿Cómo se llamaba el compañero de Daniel?
— ¿Cómo demostró el maestro que era Daniel el que había copiado, y no Joaquín?

3. Temas para debate

— Copiar en los exámenes.

12 UNA MOSCA EN EL CAFÉ

Tobías y su amigo Bonifacio entraron en una elegante cafetería de la ciudad. Ambos pidieron al camarero un café, y cuando se los sirvieron, Tobías vio que en el suyo había una mosca.

Llamó de inmediato al camarero y le **exigió** que le trajera otro café. El camarero se lo trajo, aunque **no de muy buena gana**.

Tobías, **apenas** lo probó, gritó, irritado, dirigiéndose al camarero:

—¡Camarero, ésta es la misma taza de café que me trajo usted antes! ¡Discúlpese, o llamo al dueño y hago que le despidan! Además, ahora exijo ser invitado por **la casa**.

El camarero, humillado, pidió disculpas. Y dijo que, naturalmente, la casa invitaba.

Cuando volvió a la cocina, dijo al dueño:

—¿Cómo habrá podido enterarse ese viejo **cascarrabias** de que el café era el mismo, si no ha podido verme?

Bonifacio, el amigo de Tobías, también estaba **intrigado**. Así que, cuando salieron del café, le preguntó a Tobías:

—¿Cómo has podido darte cuenta de que era el mismo café?

—Es mucho más fácil de lo que parece. No había que ser Sherlock Holmes para adivinarlo. Antes de encontrar la mosca en el café, le había echado ya el azúcar y el segundo café que me trajo el camarero estaba dulce.

1. Expresiones y léxico

exigir: pedir con energía algo a lo que se tiene derecho.
no de muy buena gana: sin ganas y enfadado, a regañadientes.
apenas: inmediatamente.
la casa: en este caso, el establecimiento, la cafetería.
cascarrabias: persona que fácilmente se enoja, riñe o demuestra enfado.
intrigado: lleno de curiosidad.

2. Actividades de comprensión

— ¿Dónde entró Tobías?
— ¿Con quién iba?
— ¿Qué pidieron ambos amigos?
— ¿Qué le ocurría al café de Tobías?
— ¿Qué le dijo Tobías al camarero?
— ¿Qué hizo el camarero?
— ¿Por qué le gritó Tobías, indignado?
— ¿Qué dijo el camarero al llegar a la cocina?
— ¿Por qué estaba intrigado Bonifacio?
— ¿Qué preguntó Bonifacio a Tobías al salir del café?
— ¿Cómo se dio cuenta Tobías de que el camarero le había puesto el mismo café?

3. Temas para debate

— Clientes exigentes.

13 LA FORTUNA FAMILIAR

Cuando Tobías era ya un rico y **próspero** negociante, mucha gente recordaba que los **orígenes** de su familia habían sido muy humildes.

En realidad, medio siglo antes, la familia de Tobías era tan pobre como casi todas de Villarriba. Ahora, en el pueblo, **prácticamente** todo el mundo vivía bien, pero a todos les gustaba recordar a los que antes habían sido pobres.

En una ocasión en que Tobías se hallaba en el **casino** del pueblo jugando a las cartas con el cura, el médico, el farmacéutico y otros, entró

en la sala Laurencio, un vendedor de telas ya muy viejo, que había sido compañero del abuelo de Tobías en el ejército.

Dirigiéndose a los reunidos, Laurencio comenzó a contar historias de su juventud:

—En los años veinte, en África, la vida sí que era dura. Los **moros** nos disparaban desde todos los lados, pasábamos mucho calor de día y mucho frío de noche y a los pobres soldados apenas nos daban de comer. Por cierto, no sé si ustedes sabrán que el abuelo de Tobías estuvo allí conmigo. Cuando salió de aquí para ir al ejército, era el más pobre del pueblo; pero cuando volvió, era uno de los más ricos. En África le encargaron de la **cuadra** y lo cierto es que consiguió **enriquecerse** dando paja a los caballos.

Tobías respondió, sin ofenderse:

—En eso se equivoca usted, Laurencio: fue al contrario, *no dándosela*, como se hizo rico mi abuelo.

1. Expresiones y léxico

próspero: enriquecido; persona a la que le van bien los negocios.
orígenes: principios, comienzos.
prácticamente: casi.
casino: local generalmente destinado a la práctica de juegos de azar: cartas, ruleta…
moro: persona del norte de África.
cuadra: lugar donde se guardan los caballos.
enriquecerse: hacerse rico.

2. Actividades de comprensión

— ¿Cómo era ahora Tobías?
— ¿Cómo habían sido sus comienzos?
— ¿Qué hacían algunos de sus compañeros?
— ¿Qué estaba haciendo Tobías en el casino?
— ¿Con quién estaba?
— ¿Quién era Laurencio?
— ¿De qué conocía a Tobías?

— ¿Dónde habían estado Laurencio y el abuelo de Tobías?
— ¿Qué encargaron en África al abuelo de Tobías?
— ¿Qué le contestó Tobías a Laurencio?

3. Temas para debate

— El origen de algunas fortunas.

14 EL PLATO MOJADO

Aquel verano Tobías había ido a un pueblecito de la costa mediterránea a visitar a unos amigos que pasaban allí sus vacaciones. Al llegar al **apartamento** de sus amigos, Tobías comprobó **con desagrado** que no había nadie en la casa. Como llamaba al timbre **insistentemente**, una vecina asomó la cabeza por una ventana y le informó de que los señores de aquel apartamento se habían ido a la playa y de que no volverían hasta por la tarde.

Era ya la hora de **almorzar** y como Tobías tenía hambre, fue a buscar un sitio donde comer. Por desgracia, el pueblo era un lugar turístico y todos los restaurantes que encontraba eran muy caros. Tobías no quería gastarse mucho dinero.

Por fin vio un restaurante pequeño que en la puerta tenía un cartel que decía:

> TRES PLATOS, PAN Y VINO:
> 300 PESETAS

Tobías pensó que había tenido mucha suerte al encontrar aquel restaurante e inmediatamente entró, se sentó y le dijo al camarero que quería comer. El camarero volvió al poco rato y, sin decir una palabra, puso un plato sobre la mesa.

—¡Camarero, este plato está mojado! —gritó Tobías, de mal humor.
—No se **haga el gracioso** —respondió el camarero, con cara seria—. Eso es la sopa.

1. Expresiones y léxico

apartamento: piso pequeño, generalmente de una o dos habitaciones.
con desagrado: fastidiado, molesto.
insistentemente: sin parar, repetidamente.
almorzar: tomar una comida al mediodía.
hacerse el gracioso: pretender gastar bromas.

2. Actividades de comprensión

— ¿Adónde había viajado Tobías?
— ¿Para qué había ido allí?
— ¿Dónde estaban sus amigos?
— ¿Qué empezó a buscar Tobías?
— ¿Qué les pasaba a todos los restaurantes?
— ¿En qué restaurante entró por fin?
— ¿Cuánto costaba la comida en este restaurante?
— ¿Qué le sirvió en primer lugar el camarero?
— ¿Qué dijo Tobías cuando le sirvieron el primer plato?
— ¿Qué le contestó el camarero?

3. Temas para debate

— Restaurantes económicos.

15 EL PROFESOR DE QUÍMICA

Era el primer día de octubre y comenzaba el curso universitario. En el **auditorio** de la facultad de Ciencias había más de ochocientos alumnos que se sentían un poco **intimidados** en su primer día de universidad. Se abrió la puerta y entró el profesor de química, un hombre de mediana edad, vestido con bata blanca, que se dirigió a ellos diciendo:

—Les doy la bienvenida a la Universidad. Espero que comprendan que a partir de hoy ustedes deben pensar y razonar como científicos. Para mostrarles un ejemplo, quiero hablarles de un descubrimiento que he realizado yo mismo: se trata de cierta **reacción química** que **precisa**, para

completarse, ochenta minutos cuando llevo la bata puesta; mientras que si no la llevo, tarda una hora y veinte minutos.

Ustedes son ya alumnos de la Universidad, son los futuros **cerebros** de este país, así que su labor consiste en explicar por qué. ¿Nadie tiene ninguna teoría? ¿A nadie se le ocurre nada? ¿De entre más de ochocientos alumnos que hay en esta aula, no habrá ninguno que encuentre la solución?

Ninguno de los alumnos se atrevía a **rechistar**. El profesor dejó que el silencio durase unos minutos más y al final continuó.

—Bien, ¡**buen nivel** tenemos en este curso para comenzar! ¡**Menudo grupo** de chicos listos **me ha tocado**! Recuerden siempre que las palabras son engañosas. Los científicos no piensan con palabras, piensan siempre con números. La respuesta es que ochenta minutos ¡**equivalen** a una hora y veinte!

1. Expresiones y léxico

auditorio: gran sala en la que el público escucha a un orador.
intimidado: asustado, lleno de timidez.
reacción química: proceso entre dos o más componentes, que da lugar a uno nuevo.
precisar: necesitar, requerir.
cerebro: en este caso, persona de gran inteligencia.
rechistar: producir un sonido como para empezar a hablar.
buen nivel: frase irónica; equivale a ¡*vaya un grado de conocimientos!*
menudo grupo: análoga a la anterior: ¡*vaya grupo!*
tocarle a alguien algo: corresponderle, serle asignado.
equivaler: valer lo mismo que otra cosa.

2. Actividades de comprensión

— ¿A quién se dirigió el profesor de química el primer día de clase?
— ¿Cuántos alumnos había en el aula?
— ¿Qué había descubierto el profesor?
— ¿Qué pasaba cuando llevaba la bata puesta?

— ¿Y si no la llevaba?
— ¿Qué preguntó a los alumnos?
— ¿Contestó alguien a la pregunta del profesor?
— ¿Qué era lo que no se atrevían a hacer los alumnos?
— ¿Qué dijo al final el profesor?
— ¿Cuál era la respuesta?

3. Temas para debate

— Profesores *huesos* y profesores *blandos*.

16 UNA RIFA

Aquel día, cuando Severiana, la mujer de Tobías, fue a la tienda, el tendero le ofreció **números** para una rifa de Navidad.

—¿Cuáles son los premios? —preguntó Severiana.

—El primero, un jamón; el segundo, un pavo; el tercero, una botella de **champán** y el cuarto, una **barra** de **turrón**.

—¿Y cuánto cuesta cada papeleta? —quiso saber Severiana.

—Mil pesetas.

—¡Qué lástima! —dijo Severiana—. No **llevo** dinero **encima**.

—No se preocupe —replicó el tendero—, como usted es una antigua clienta, se lo **fío**.

Pasó el día del sorteo. Unos días después volvió Severiana a la tienda y preguntó al tendero:

—¿Que pasó con la rifa?

—Pues mire: mi mujer ganó el jamón. ¿**A que** es una mujer con suerte? El pavo lo ganó mi cuñada. ¿A que es una mujer con suerte? El champán le tocó a mi sobrino. ¿A que es un chico con suerte? Y el turrón le correspondió a una tía mía. ¿A que es una señora con suerte? Por cierto, que todavía me **debe** usted las mil pesetas de ese número que le fié.

—Sí, efectivamente —dijo la mujer de Tobías—. ¿A que soy una mujer con suerte?

1. Expresiones y léxico

rifa: juego que consiste en sortear una cosa entre varias personas.
número: participación en un juego o en un sorteo.
champán: forma española de la palabra francesa *champagne*.
barra: pastilla, tableta.
turrón: dulce de Navidad, típico de Alicante, hecho con pasta de almendras y azúcar.
llevar encima: tener consigo.
fiar: vender algo a alguien sin cobrarle en el momento, para que el comprador lo pague después.
¿a que…?: expresión que significa *¿verdad que…?, ¿no le parece a usted que…?*
deber: estar obligado a pagar dinero a alguien.

2. Actividades de comprensión

— ¿Quién era Severiana?
— ¿Adónde fue aquel día?
— ¿Quién le ofreció números para una rifa de Navidad?
— ¿Cuáles eran los premios?
— ¿Cuánto costaba cada papeleta?
— ¿Qué le pasaba a Severiana?
— ¿Qué le dijo el tendero?
— ¿Quién ganó el jamón en la rifa?

— ¿Quién ganó el pavo?
— ¿Y el champán?
— ¿Quién ganó el turrón?
— ¿Qué le dijo por último el tendero a Severiana?
— ¿Qué le contestó ella?

3. Temas para debate

— Rifas y sorteos.

17 EL PRÉSTAMO

Don Cosme, el párroco de Villarriba, estaba **predicando** un domingo en la iglesia sobre los pobres y los ricos. Decía que las personas que en este mundo son pobres, en el otro mundo, en la vida **eterna,** serán ricos; mientras que los que son ricos en este mundo, en el otro serán pobres.

Al día siguiente, Tobías fue a la iglesia, a hablar con el párroco:

—Señor cura, ¿cree usted **verdaderamente** en lo que dijo ayer en la iglesia?

—Naturalmente —respondió don Cosme—, estoy absolutamente convencido de ello.

—Entonces, dígame: ¿seré yo realmente rico en la vida eterna?

—Sin duda —afirmó el párroco.

—¡Oh, señor cura! —dijo Tobías—. En ese caso, tengo que pedirle un grandísimo favor. Si usted cree que verdaderamente llegaré a ser rico, ¿podría usted prestarme treinta mil pesetas, que ya se las devolveré en la otra vida?

Don Cosme sacó su cartera y cogiendo tres billetes de 10.000 pesetas, se los dio a Tobías. Pero luego le dijo:

—Un momento…, ¿para qué quieres este dinero?

—Verá, señor cura, tengo una gran idea: voy a comprar uvas en octubre y las tendré en el **congelador** hasta el 31 de diciembre. Las venderé y ganaré mucho dinero. Mi idea es tan **ingeniosa** que con ella ganaré por lo menos veinte veces el valor **inicial**. Y esto no será más que el principio.

—En ese caso —dijo el cura—, no te puedo prestar el dinero. Porque si ganas tanto, serás un hombre rico. Y si tú eres aquí un hombre rico, en la otra vida serás pobre y no me lo podrás devolver.

Diciendo esto, don Cosme cogió los billetes de la mano de Tobías y los volvió a meter en su cartera.

1. Expresiones y léxico

préstamo: cantidad de dinero que alguien deja a una persona, y que ésta tiene que devolver después.
predicar: pronunciar un sermón en la iglesia.
eterno: que no acaba, que dura para siempre.
verdaderamente: en verdad, en realidad.
congelador: parte del frigorífico en la que se produce hielo para conservar los alimentos a muy baja temperatura.
ingenioso: bien ideado, inteligente.
inicial: lo que había al principio.

2. Actividades de comprensión

— ¿Sobre qué predicaba el cura el domingo?
— ¿Qué dijo en el sermón?
— ¿Quiénes serían ricos y pobres en la otra vida?
— ¿Qué quería preguntar Tobías a don Cosme?
— ¿Qué quería hacer con el dinero?
— ¿Por qué al final don Cosme no le dio el dinero?

3. Temas para debate

— Negocios originales.

18 LAS COSTUMBRES CAMBIAN

Un joven **antropólogo** alemán fue enviado por su universidad a realizar un estudio antropológico y **sociológico** en una región **rural** de un país de Centroamérica. La **aldea** en la que tenía que hacer sus investigaciones estaba situada muy arriba, en las montañas, y apenas tenía contacto con el resto del país.

Un día, el antropólogo se sorprendió al ver a un campesino montando una mula, seguido de lejos por su mujer, que iba montada en otra mula. Lleno de extrañeza, preguntó al hombre:

—Oiga, ¿por qué razón su mujer viene casi veinte metros detrás de usted, en otra mula?
—¡Ah…! Es una vieja tradición nuestra. Las mujeres deben hacer eso en señal de respeto a sus esposos.

El antropólogo terminó su investigación y volvió a Alemania.

Pasó algún tiempo. En el país centroamericano hubo una larga lucha entre la **guerrilla** izquierdista y el gobierno de derechas.

Diez años más tarde, el alemán volvió a la misma aldea para **proseguir** sus investigaciones, y se sorprendió al ver cómo el mismo campesino iba montado en su mula, pero esta vez, siguiendo a su mujer, que iba montada en otra mula, veinte metros por delante de él. Al verle, le saludó y quedó encantado al comprobar que el campesino se acordaba de él. El antropólogo le dijo, intrigado:

—Veo que las cosas son ahora diferentes. ¿Qué pasó con la tradición?, las costumbres han evolucionado, ¿verdad?
—¡No! —contestó, indignado el hombre—. Es que los malditos guerrilleros **han sembrado de minas** todos los caminos.

1. Expresiones y léxico

antropólogo: persona que estudia la especie humana.
sociológico: relativo a las costumbres sociales de las personas.
rural: del campo.
aldea: pueblo pequeño.
guerrilla: grupo de combatientes que no pertenecen al ejército oficial.
proseguir: continuar, seguir haciendo algo.
sembrar de minas: poner por todas partes explosivos escondidos bajo el suelo.

2. Actividades de comprensión

— ¿Adónde fue enviado el antropólogo alemán?
— ¿Para qué fue enviado?
— ¿Dónde estaba situada la aldea?
— ¿Por qué se sorprendió el antropólogo?

— ¿Qué le preguntó al campesino?
— ¿Qué le contestó éste?
— ¿Cuándo volvió el antropólogo a la aldea?
— ¿Qué había pasado en ese tiempo?
— ¿A quién volvió a ver el antropólogo?
— ¿Qué le preguntó al campesino?
— ¿Habían cambiado las costumbres?
— ¿Por qué iba ahora delante la mujer?

3. Temas para debate

— La guerra de guerrillas en Centroamérica.
— Las minas personales.

19 EL PERRO CATÓLICO

Marbella es una bonita población costera mediterránea, situada en la provincia de Málaga. En Marbella y en sus alrededores vive una numerosa comunidad internacional. La mayoría de los extranjeros son gente rica que se ha instalado allí, atraída por el buen clima del sur de España.

En un chalet situado en una **colina** de los alrededores de Marbella, vivía desde hacía ya bastantes años una anciana, acompañada únicamente por su perro, al que quería mucho. Un día el perro murió. La anciana bajó al pueblo, se dirigió a la iglesia y buscó al cura.

—Padre, se ha muerto mi perro, un perro que me ha sido fiel durante muchos años. ¿Podría usted decir una **misa** por la pobre criatura, antes de enterrarlo?

—No —contestó, **tajante** el sacerdote—, no se puede celebrar una misa por un animal. Pero muy cerca de aquí, al final de esta avenida de palmeras, está la **capilla** de un pastor protestante. Quizá él quiera hacerlo. Si no, puede usted intentarlo en cualquiera de las **sectas** raras que hay ahora en Marbella.

—Pues muchísimas gracias, padre —dijo la anciana—. Por cierto, ¿**tiene** usted **idea** de cuánto tendría que pagar por el servicio?, ¿cree usted que **unas** 300.000 pesetas serán suficientes, o es poco?

—¡Pero hija! —exclamó, sonriendo, el párroco—, ¿por qué no empezaste por decirme que el perro era católico?

1. Expresiones y léxico

colina: elevación natural de terreno, menor que una montaña.
misa: servicio religioso católico.
tajante: decisivo, cortante, sin dar lugar a discusión.
capilla: iglesia pequeña.
secta: conjunto de creyentes o de fieles a una religión que el hablante considera falsa.
tener idea: saber, conocer aproximadamente algo.
unas: aproximadamente, poco más o menos.

2. Actividades de comprensión

— ¿Qué es Marbella?
— ¿Dónde está?
— ¿Por qué viven allí tantos extranjeros?
— ¿Dónde vivía la anciana?
— ¿Con quién vivía?
— ¿Qué pasó cuando se murió el perro?
— ¿Para qué fue la señora a hablar con el párroco?
— ¿Qué le respondió el sacerdote católico?
— ¿Cuánto quería pagar la anciana por el entierro del perro?
— ¿Qué dijo al final el cura?

3. Temas para debate

— Diversidad de religiones.

20 TAXI GRATIS

Tobías había ido con algunos amigos del pueblo a la capital de la provincia para ver un partido de fútbol. Estaban en un bar, tomando unas cervezas y Tobías **se jactó** ante sus amigos de que él podía viajar gratis siempre que quisiera.

Alfonso, uno de sus acompañantes, le respondió:

—**Admito** que seas capaz de viajar gratis en un barco, como **polizón**, porque los barcos son muy grandes y los polizones encuentran muchos sitios donde esconderse; también es fácil viajar gratis en el tren: todo consiste en evitar que te vea el revisor, escondiéndote en el lavabo. Pero hay una forma de viajar que nunca conseguirás que te **salga** gratis.

—¿Cuál es esa forma? —le preguntó Tobías.

—En taxi —respondió Alfonso.

—Si yo quiero —aseguró Tobías—, a mí los taxis me salen gratis, y cuando queráis, os lo demuestro.

Para probar lo que había dicho, Tobías hizo parar un taxi y se fueron todos hacia el **estadio**. Cuando llegaron, todos se **apearon** y Tobías le dijo al taxista:

—Espere un momento, que voy a buscar una **cerilla**. Es que se me ha caído en el coche un billete de diez mil pesetas.

El taxista **arrancó** inmediatamente y **salió pitando**, sin esperar a cobrar.

1. Expresiones y léxico

jactarse: presumir, alardear.
admitir: conceder, estar dispuesto a creer que algo es cierto.
polizón: persona que viaja escondida en un barco o en un avión, sin pagar billete.
salir: resultar.
estadio: lugar donde se juega un partido de fútbol.
apearse: bajarse de un vehículo.
cerilla: fósforo al que se prende fuego por fricción.
arrancar: echar a andar, ponerse en movimiento.
salir pitando: expresión coloquial que significa marcharse a gran velocidad.

2. Actividades de comprensión

— ¿Para qué habían ido Tobías y sus amigos a la capital?
— ¿Qué hacían en el bar?
— ¿De qué se jactaba Tobías ante sus amigos?
— ¿Qué le dijo Alfonso?
— ¿Cuál era, según él, la única forma de viajar que no puede salir gratis?
— ¿Qué dijo Tobías acerca de esta forma de viajar?
— ¿Qué hizo Tobías para demostrar lo que había dicho?
— ¿Adónde fueron en el taxi?
— ¿Qué le dijo Tobías al taxista?
— ¿Qué hizo el taxista al oírlo?

3. Temas para debate

— Timadores y timados.

21 COMIENDO HIERBA

Tobías estaba pasando una **mala temporada**. Ningún negocio le salía bien y no encontraba trabajo en ninguna parte. Le apetecía una buena comida, pero no tenía dinero para pagarla.

Tobías se jactaba de ser un hombre ingenioso y las personas con ingenio siempre saben **salir adelante**. Pensó y pensó, y finalmente **ideó** un **truco** para conseguir ser invitado a una espléndida comida. Su idea era la siguiente: *Si **finjo** que estoy comiendo hierba delante de la casa de la marquesa del Roncal, ella, que es una mujer **caritativa**, **se apiadará** de mí y me invitará, con toda seguridad, a comer.*

Convencido de que era una idea genial, **se situó** ante la casa de la

marquesa. Ésta se asomó a la ventana y vio a un hombre comiéndose las hierbas que había en la acera. Salió a la calle enseguida y le gritó:

—Buen hombre, ¿qué está usted haciendo? Venga aquí.

Tobías se acercó humildemente, poniendo cara de lástima, y dijo:

—Verá, señora: soy tan pobre, que sólo me alimento de hierba.

La dama, conmovida, le dijo:

—Pase adentro, buen hombre, pase, que en mi patio la hierba crece más alta y está más limpia que la de la calle.

1. Expresiones y léxico

mala temporada: época en la que a alguien no le van bien las cosas.
salir adelante: superar con éxito una dificultad.
idear: pensar, imaginar, proyectar.
truco: idea para conseguir algo, engañando a alguien.
fingir: hacer creer a los demás algo que no es verdad.
caritativo: generoso con los necesitados.
apiadarse: sentir lástima por alguien.
situarse: colocarse, ponerse en un sitio.

2. Actividades de comprensión

— ¿Por qué estaba Tobías pasando una mala temporada?
— ¿De qué presumía?
— ¿Para qué ideó un truco?
— ¿En qué consistía?
— ¿Dónde se puso a comer hierbas?
— ¿Qué hizo la marquesa al verlo?
— ¿Qué le dijo a Tobías?
— ¿Qué le contestó él?
— ¿A qué le invitó la marquesa?
— ¿Cómo era la hierba del patio?

3. Temas para debate

— Caridad y justicia social.

22 POR SI ACASO

En el **departamento** de **pediatría** de la Facultad de Medicina, a lo largo de los años, se había ido **amontonando** una gran cantidad de papeles, fichas de los enfermos, **expedientes,** etcétera, y ya no quedaba sitio en los archivos.

El jefe del departamento le dijo a la nueva secretaria que tenía que organizar todos los archivos y mirar qué documentos eran inservibles. La secretaria revisó cuidadosamente todos los papeles y documentos y encontró que muchos de ellos **carecían** de utilidad; algunos, con más de cincuenta años de antigüedad.

La secretaria clasificó los documentos en varios montones, poniendo en uno todos los que, en su opinión eran inservibles y ordenando **alfabéti-**

ca y temáticamente los demás. Antes de tirar ningún documento, avisó al jefe del departamento, para que confirmase que, efectivamente, los documentos que ella había descartado eran inservibles.

Todos los documentos estaban clasificados en dos grupos: papeles útiles y papeles para tirar. La secretaria, poniendo encima de la mesa el montón de papeles para tirar, preguntó:

—Doctor, ¿le parece **conveniente** que tiremos estos papeles?

—A ver…, pues…, no sé… —respondió el jefe, revisando algunos papeles—. Bueno, tírelos; pero haga antes una fotocopia de todos ellos, por si acaso.

1. Expresiones y léxico

por si acaso: teniendo en cuenta lo que pueda ocurrir después.
departamento: cada una de las partes en que se divide una institución.
pediatría: rama de la medicina que se ocupa de la salud y enfermedades de los niños.
amontonar: poner unas cosas encima de otras.
expediente: conjunto de papeles correspondientes a un asunto o negocio.
carecer: no tener.
alfabética y temáticamente: alfabéticamente (por orden alfabético) y temáticamente (por temas).
conveniente: oportuno, adecuado.

2. Actividades de comprensión

— ¿Qué se había ido amontonando en el departamento de pediatría?
— ¿Qué les pasaba a los archivos?
— ¿Qué le dijo el jefe del departamento a la nueva secretaria?
— ¿Qué hizo ella?
— ¿Cuántos años de antigüedad tenían algunos documentos?
— ¿Cómo clasificó la secretaria los papeles?

— ¿Para qué avisó al jefe de departamento?
— ¿De qué no estaba segura?
— ¿Qué le preguntó al jefe?
— ¿Qué le dijo éste que hiciese, antes de tirar los documentos?

3. Temas para debate

— La burocracia.

23 EL MÁRTIR DE LA CIENCIA

Un día, Tobías entró en el bar del pueblo y encontró al **boticario**, al cura, al médico y a un par de vecinos, **sumidos** en una interesante tertulia. Tobías se sentó a su lado y escuchó durante un par de minutos lo que se hablaba, antes de intervenir en la conversación.

Primero dijo el boticario:

—¡Hay que ver los mártires que ha habido en el mundo de la ciencia! Pensad, por ejemplo, en los médicos que **se infectan** a sí mismos una enfermedad para poder estudiarla mejor.

Todos estuvieron de acuerdo. Después intervino el cura:
—Y ¿qué me decís de los **misioneros** católicos que han ido por todo el mundo para **convertir** a los indígenas y que en muchas ocasiones han muerto por defender sus **creencias**?

También esta vez estuvieron todos de acuerdo.

Al final, Tobías intervino en la conversación y dijo:
—Pues mi abuelo también fue un gran hombre. Un hombre que murió a causa de sus creencias.

Al oír estas palabras, los demás se sintieron muy interesados. Entonces, el boticario preguntó:
—¿Y cuáles eran las creencias por las que murió tu abuelo?
—Mi abuelo —respondió Tobías— creía que podía volar con unas alas de papel y para demostrarlo, se tiró desde la torre del **campanario** de la iglesia. Fue un auténtico mártir de la ciencia.

1. Expresiones y léxico

mártir: persona que muere o padece mucho por defender sus creencias.
boticario: farmacéutico, persona que trabaja en una farmacia.
sumido: metido, enfrascado profundamente en algo.
infectarse: contagiarse con un virus.
misionero: persona que viaja a otros países para enseñar y ayudar a los indígenas.
convertir: convencer a otras personas de creencias generalmente religiosas.
creencias: doctrinas o teorías.
campanario: torre de la iglesia donde están las campanas.

2. Actividades de comprensión

— ¿A quién encontró Tobías en el bar?
— ¿Qué estaban haciendo todos allí?
— ¿Qué hizo Tobías antes de intervenir en la conversación?
— ¿Sobre qué trataba la tertulia?
— ¿Qué dijo el boticario?

— ¿Qué le contestó el cura?
— ¿Qué dijo Tobías para intervenir en la conversación?
— ¿Por qué murió el abuelo de Tobías?
— ¿Cuales eran las creencias por las que murió?
— ¿Desde dónde se tiró?

3. Temas para debate

— Mártires de la ciencia.

24 TOBÍAS, CAZADOR

En Villarriba era muy **común** la práctica de la caza: cuando llegaba la época, muchos hombres cogían sus escopetas y se iban al monte a cazar conejos, perdices, **jabalíes**…

Tobías iba también, de vez en cuando, a cazar, pero no le gustaba demasiado este deporte. La razón era que no sabía disparar bien y mientras sus amigos cazaban diez o quince conejos, él no cazaba ninguno.

Un domingo se reunieron todos los amigos para ir a cazar. Pero Tobías, avergonzado por lo mal que disparaba, se inventó una **excusa** y dijo a los demás:

—Yo voy a ir a cazar solo, a un sitio secreto que conozco y en el que hay multitud de **presas**.

Así, en cuanto vio que sus amigos se habían ido al monte, cogió rápidamente su coche y se fue a Villabajo, el pueblo vecino. Allí buscó una carnicería abierta, entró y le dijo al carnicero:

—Por favor, déme dos o tres conejos.

—Lo siento, señor, hoy no tengo ninguno —contestó el carnicero.

—Entonces, déme dos o tres perdices.

—Tampoco tengo, señor. Lo siento.

Tobías **reflexionó**, miró el dinero que tenía en la cartera y dijo:

—Póngame un jabalí, pero que sea pequeño.

—Mire, señor —respondió el carnicero—: hoy es domingo y lo único que tengo son **salchichas**.

—¡**Vaya por Dios!** —se lamentó Tobías—. Y ahora, ¿cómo les convenzo yo de que he estado cazando salchichas?

1. Expresiones y léxico

común: corriente, usual, habitual.
jabalí: cerdo salvaje.
excusa: disculpa, exposición de motivos para justificar una acción.
presa: animal que se caza.
reflexionar: pensar, meditar algo.
salchicha: embutido hecho con carne de cerdo picada.
¡vaya por Dios!: exclamación con la que se expresa contrariedad o decepción.

2. Actividades de comprensión

—¿Qué era muy común en el pueblo de Tobías?
—¿Que hacían los hombres al llegar la época de la caza?
—¿Por qué a Tobías no le gustaba cazar?
—¿Qué les dijo a sus amigos para evitar ir a cazar con ellos?
—¿Qué hizo cuando vio que sus amigos se alejaban?
—¿Adónde se fue Tobías?
—¿Qué pidió en la carnicería?
—¿Por qué no tenía nada el carnicero?
—¿Qué era lo único que le quedaba?
—¿Qué dijo Tobías al enterarse?

3. Temas para debate

— Historias y exageraciones de cazadores.

25 ATASCO EN LA CIUDAD

En algunas ciudades el tráfico suele ser muy **denso**. Con frecuencia los coches tienen que esperar mucho tiempo parados y eso impacienta a los conductores. Muchos de ellos, cuando se encuentran en un atasco, comienzan a tocar insistentemente la **bocina**, aunque, naturalmente, esto no sirve para resolver la situación. Más bien al contrario, lo único que consiguen es que todo el mundo se ponga de mal humor.

En cierta ocasión, un joven iba conduciendo su coche por el centro de Valencia. Al pararse en un semáforo, el coche **se** le **caló**. Viéndose en tal

situación, se puso nervioso e intentó repetidamente **arrancar** el coche, aunque **en vano**.

Cuando el semáforo **se puso en** verde, los coches que estaban detrás comenzaron a tocar su bocina. El conductor del coche que estaba parado justamente detrás del suyo, además de tocar su bocina continuamente, sacó la cabeza por la ventanilla y comenzó a gritar:

—¡Muévase! ¡aparte el coche! ¿no ve que está bloqueando el tráfico?

El joven, que cada vez estaba más nervioso al ver el atasco que estaba provocando, salió de su vehículo y se dirigió al conductor que estaba detrás de él. Amablemente se acercó a la ventanilla y le dijo, con **tono irónico**:

—Mire, vamos a hacer algo inteligente: yo sigo tocando su bocina y mientras tanto, usted intenta poner en marcha mi coche.

1. Expresiones y léxico

atasco: grupo de vehículos parados y sin posibilidad de moverse.
denso: con muchos vehículos.
bocina: claxon, dispositivo que tienen los coches para avisar a los demás.
calarse: pararse bruscamente el motor de un coche.
arrancar: poner en marcha.
en vano: sin resultado, inútilmente.
ponerse en: cambiar a.
tono irónico: modo de hablar humorístico.

2. Actividades de comprensión

—¿Por dónde iba conduciendo su coche el joven?
—¿Qué le pasó al coche?
—¿Dónde se le paró?
—¿Qué hicieron los otros coches cuando el semáforo se puso en verde?
—¿Qué hizo el conductor que estaba detrás?
—¿Qué le pasó al joven, al verse en aquella situación?
—¿Qué hizo por fin?

—¿Adónde se dirigió tras salir del coche?
—¿Qué le dijo al conductor?
—¿Qué tenía que hacer el conductor mientras el joven tocaba la bocina?

3. Temas para debate

— Los problemas del tráfico en las ciudades.

26 UNA RECETA DE COCINA

Ramón era un famoso cocinero, dueño de un restaurante muy elegante, al que acudían las personas más ricas y conocidas de la ciudad. La **especialidad** de su restaurante era una sopa de **col** que a todo el mundo le parecía extraordinaria.

Un día Ramón fue entrevistado en la televisión. Una periodista de una revista **gastronómica** le preguntó sobre su famosa sopa de col y le dijo, delante de todos los espectadores, que si tendría **inconveniente** en revelar el secreto de su sopa. Ramón dijo que no tenía ningún inconveniente y

que le enviaría la receta para que fuera publicada en el próximo número de la revista.

Al día siguiente Ramón se puso a dictarle a su ayudante la receta de la sopa de col: ...*se deja hervir durante veinte minutos y luego se añaden las especias.*

—Pero, maestro —dijo el ayudante, sorprendido—, usted no hace así la sopa.

—**Tú te callas**. Escribe exactamente lo que te digo. Para conseguir la receta de esta sopa tuve que irme a trabajar a París con el famoso *chef* Pierre Bellechou. Allí estuve durante dos años, obedeciéndole en todo y haciendo lo que me mandaba si cobrar nada.

Después del trabajo, siempre que a él le apetecía beber una cerveza, yo tenía que acompañarle. Los fines de semana, a menudo tenía que ir a su casa de campo para entretener a su familia y amigos. Naturalmente, el día del cumpleaños de su mujer yo tenía que llevarle **bombones** y flores. Y el día de Navidad tenía que llevar regalos para toda la familia.

Gracias a eso conseguí la receta, y no pensarás que soy tan estúpido como para dársela, **sin más**, a la revista gastronómica.

1. Expresiones y léxico

especialidad: plato más importante y original de un restaurante.
col: tipo de verdura.
gastronómico: que trata de la preparación y degustación de la comida.
inconveniente: obstáculo que existe para hacer una cosa.
tú te callas: expresión enérgica equivalente a *no digas nada, cállate.*
bombones: dulces de chocolate.
sin más: a cambio de nada.

2. Actividades de comprensión

— ¿Quién era Ramón?
— ¿De qué era dueño?
— ¿Quién acudía a su restaurante?
— ¿Cuál era la especialidad del restaurante?
— ¿Dónde fue entrevistado Ramón?
— ¿Qué le preguntó la periodista de la revista gastronómica?

- ¿Qué respondió Ramón?
- ¿Qué comenzó a dictar a su ayudante?
- ¿Qué le dijo el ayudante?
- ¿Qué le respondió Ramón?
- ¿Adónde tuvo que irse Ramón para conseguir la receta?
- ¿Qué hizo allí?
- ¿Qué tenía que hacer Ramón en los cumpleaños de la mujer del *chef*? ¿Y en Navidad?

3. Temas para debate

- La cocina francesa y la española.
- Los secretos de los grandes *chefs*.

27 EL PRESIDENTE Y LA FLORISTA

España está políticamente organizada en diferentes **autonomías**: la vasca, la andaluza, la catalana, la gallega, la valenciana y otras. En total, diecisiete. Cada autonomía tiene su presidente, su **parlamento** y sus consejeros, que son los responsables de las distintas **áreas** del gobierno, tales como economía, educación, medio ambiente, etcétera.

Un día, el presidente de una autonomía iba en su coche oficial por las calles del centro de la ciudad, cuando se quedó parado en un atasco, justamente al lado de un semáforo. El presidente tenía una cabeza bastante grande.

Cuando el coche estaba parado, se acercó a él una vendedora de claveles, que comenzó a golpear el cristal de la ventanilla. El presidente decidió **ignorarla** y la vendedora siguió golpeando insistentemente. Como vio que el presidente no bajaba el cristal, la florista comenzó a **aporrearlo** fuertemente.

A los cinco minutos, y **en vista de que** ni el coche avanzaba ni la vendedora de claveles paraba de golpear, el presidente decidió abrir la ventanilla y librarse de la florista:

—¡Que me dejes en paz y te vayas a molestar a otro sitio! —dijo, enfadado, a la mujer.

La vendedora miró con asombro al presidente, ahora que el cristal estaba abierto, y exclamó, vengativa:

—¡**Ozú**, si yo creía que el **cristal** era **de aumento**!

1. Expresiones y léxico

florista: persona que vende flores.
autonomía: nombre de las divisiones actuales de España que poseen un gobierno propio.
parlamento: órgano de representación popular.
área: sector, departamento, zona.
ignorar a alguien: actuar como si una persona no existiera.
aporrear: golpear algo con fuerza.
en vista de que: teniendo en cuenta que.
ozú: forma coloquial de pronunciar *¡Jesús!*, para indicar asombro o sorpresa.
cristal de aumento: cristal especial a través del cual los objetos se ven más grandes de lo que son.

2. Actividades de comprensión

— ¿Cómo está organizada políticamente España?
— ¿Cuáles son las autonomías?
— ¿Cómo tenía la cabeza el presidente de la autonomía de esta historia?
— ¿Por dónde iba el presidente?

— ¿Dónde quedó parado el coche oficial?
— ¿Quién se acercó al coche?
— ¿Qué hizo la vendedora?
— ¿Qué hacía, mientras tanto, el presidente?
— ¿Qué decidió hacer por fin?
— ¿Qué dijo la vendedora cuando el presidente bajó el cristal?

3. Temas para debate

— La mendicidad callejera.

28 EL COLECCIONISTA

La gente del campo vive en contacto directo con la naturaleza y **se fija** en lo que ocurre en su **entorno**. Por eso, aun sin tener estudios, saben cosas que la gente de la ciudad **ignora**. Es frecuente encontrar en el campo personas que saben mucho sobre la conducta de los animales, sobre la utilidad de las diferentes plantas o sobre el tiempo.

Don Evaristo, un joven maestro de Tobías, era un hombre aficionado a las aves. Tenía una gran colección de huevos. Cada pájaro pone los huevos de distinto tamaño y color. Los huevos suelen tener una coloración protectora muy similar a la del ambiente que los rodea, y esto les sirve de **camuflaje**. Los huevos de muchas aves tienen pintas y lunares, pero cada

75

diseño es diferente, de modo que viendo un huevo se puede saber qué pájaro lo ha puesto.

Un día, el maestro de Tobías estaba enseñando a sus alumnos su colección de huevos de pájaro y explicando el origen de cada uno. Les explicó también que limpiarlos era una **tarea** muy complicada, ya que a través de un **minúsculo** agujero, tenía que sacar todo el contenido. Entonces Tobías le dijo:

—Don Evaristo: si quiere, puedo aconsejarle una forma más rápida y cómoda de vaciar y limpiar los huevos de los pájaros.

—¿Cómo? —preguntó el profesor, con gran curiosidad.

—Muy sencillo: basta con que los coloque cerca de un **hormiguero**, y en poco tiempo estarán perfectamente limpios por dentro, sin sufrir ningún daño.

1. Expresiones y léxico

coleccionista: persona que guarda ordenadamente objetos de un determinado tipo.
fijarse: observar algo con mucha atención.
entorno: espacio que rodea algo o a alguien.
ignorar: desconocer, no saber.
camuflaje: arte de ocultarse en el entorno.
diseño: dibujo.
tarea: trabajo que tiene que realizar una persona.
minúsculo: de tamaño muy pequeño.
hormiguero: lugar subterráneo en el que viven las hormigas.

2. Actividades de comprensión

— ¿Cómo vive la gente del campo?
— ¿Qué cosas saben estas personas?
— ¿Quién era don Evaristo?
— ¿A qué era aficionado?
— ¿Cómo son los huevos de los pájaros?
— ¿Qué se puede saber viéndolos?

— ¿Qué estaba haciendo un día el maestro?
— ¿Qué explicó a sus alumnos?
— ¿Cómo han de limpiarse los huevos?
— ¿Qué le dijo Tobías al maestro?
— ¿Qué sistema le indicó para limpiar los huevos?

3. Temas para debate

— La sabiduría de los campesinos.

29 LA CUCHARA DE PLATA

Tobías y su mujer, Severiana, celebraban aquel año sus **bodas de plata**. Para ello organizaron, el día de su aniversario de boda, una gran fiesta en su casa, a la que invitaron a todos sus amigos y conocidos.

Como en esa época Tobías era alcalde de Villarriba, invitó también al **delegado del gobierno**, que vino desde la capital. La fiesta fue espléndida: había gran cantidad de comida y bebida, y todo el mundo se lo estaba pasando muy bien. En un momento, sin embargo, Severiana se acercó a Tobías y le dijo en voz baja:

—El delegado del gobierno se ha metido una cuchara de plata en el bolsillo. Dile algo, porque si tú no lo haces, lo haré yo. **No estoy dispuesta a** perder una cuchara de plata, que es una pieza de mucho valor. La **cubertería** de plata es una **herencia** de mis antepasados y no la he vendido ni he querido **desprenderme de** ella ni aun en las épocas en las que hemos pasado hambre.

—Mujer —dijo Tobías—, no puedo decirle que nos devuelva la cuchara. ¡Sería como llamar ladrones a todos los políticos!

—**Tú verás** lo que haces —respondió **tercamente** Severiana—. Yo quiero recuperar mi cuchara y la recuperaré **sea como sea**.

Tobías se levantó, golpeó con un cuchillo en una copa para llamar la atención de los presentes y dijo:

—Bien: ahora, para **amenizar** la velada, voy a hacer un truco de magia. Meteré esta cuchara en el bolsillo de mi pantalón y la haré aparecer…, veamos…, ¡en el bolsillo de nuestro querido delegado del gobierno!

1. Expresiones y léxico

bodas de plata: celebración de los veinticinco años de un matrimonio.
delegado del gobierno: cargo político del representante del gobierno central en una autonomía.
no estar dispuesto a: no admitir o no aceptar que algo suceda.
cubertería: conjunto de tenedores, cucharas y cuchillos.
herencia: dinero u objetos que se reciben de los antepasados.
desprenderse de algo: dejar de poseerlo; quedarse sin ello.
tú verás: expresión con la que se hace a alguien responsable de algo.
tercamente: con insistencia, con obstinación.
sea como sea: a pesar de todos los inconvenientes.
amenizar: alegrar, divertir, hacer entretenido.

2. Actividades de comprensión

— ¿Qué celebraban aquel año Tobías y Severiana?
— ¿Qué organizaron para celebrar el acontecimiento?

— ¿Qué era Tobías en aquella época?
— ¿A qué personaje importante invitó Tobías a sus bodas de plata?
— ¿Qué había en la fiesta?
— ¿Cómo se lo estaba pasando la gente?
— ¿Qué le dijo Severiana a Tobías?
— ¿Qué era la cubertería de plata?
— ¿Por qué Tobías no podía decirle al delegado que devolviera la cuchara?
— ¿Qué contestó Tobías a su mujer?
— ¿Para qué golpeó una copa con un cuchillo?
— ¿Qué dijo que iba a hacer para amenizar la fiesta?
— ¿En qué consistiría el truco de magia?

3. Temas para debate

— Bodas de plata y de oro.

30 EL VIAJERO IMPERTINENTE

Margarita era **azafata** en unas líneas aéreas. Su trabajo le había enseñado a tratar con toda clase de viajeros. Sin embargo, en cierta ocasión, un señor con aspecto de **ejecutivo** importante, que viajaba en clase **preferente**, estuvo, durante todo el vuelo, quejándose de todo y reclamando continuamente:

—Señorita, este zumo de naranja está caliente. ¿Podría traerme más hielo?

Margarita, sonriente y servicial, trajo hielo para el señor.

Poco después, el ejecutivo la llamó nuevamente:

—Este calor es insoportable. ¿No pueden ustedes regular el aire acondicionado?

Al cabo de un rato:

—¡Qué música más **insufrible**! Haga el favor de desconectar mi altavoz.

Cuando, por fin, el avión aterrizó en Londres, Margarita se situó junto a la puerta de salida para despedir a los pasajeros. Al pasar junto a ella, el ejecutivo **gruñó**:

—¡Nunca volveré a volar con esta compañía!

Y Margarita, con su mejor sonrisa, le respondió:

—¿Me lo promete?

1. Expresiones y léxico

impertinente: inoportuno, maleducado.
azafata: señorita que, en un avión, atiende a los pasajeros.
ejecutivo: persona que ocupa un cargo de mando en una empresa.
preferente: clase o categoría de lujo en un avión.
insufrible: molesto, desagradable.
gruñir: decir algo con malos modales.

2. Actividades de comprensión

— ¿Qué era Margarita?
— ¿Dónde trabajaba?
— ¿Cómo era el aspecto del viajero?
— ¿Qué hacía el ejecutivo?
— ¿Cómo le respondía la azafata?
— ¿Qué opinaba el viajero de la temperatura?
— ¿Qué le parecía la música?
— ¿Dónde aterrizó el avión?
— ¿Dónde se colocó Margarita? ¿Para qué?
— ¿Qué dijo el ejecutivo al salir?
— ¿Qué le respondió la azafata?

3. Temas para debate

— Personas desagradables.

31 TOBÍAS PASA HAMBRE

Cuando Tobías era joven, trabajaba duramente en el campo para poder ganar el dinero necesario para comer. Sin embargo, había épocas en las que, si la **cosecha** no era muy abundante, Tobías pasaba hambre. No obstante, esto ocurría porque Tobías era un joven muy **orgulloso**, que no quería que la gente del pueblo se enterara de su pobreza, ya que sus vecinos siempre hubieran estado dispuestos a ofrecerle comida.

En aquella época Tobías tenía una novia, hija de un **ganadero** al que no le iban mal los negocios. Por esta razón, Tobías se avergonzaba de su situación, mantenía en secreto su pobreza e intentaba, inútilmente, ocultar el hambre que tenía.

Una tarde en la que ya no podía soportar más el hambre, decidió ir a visitar a su novia, que se asomó a través de la **persiana** del balcón. Al verla aparecer, Tobías le dijo:

—Encarna, por favor, lánzame un **alfiler**, que se me ha caído un botón de la camisa y voy con el cuello desabrochado.

Encarna le contestó:

—Pero, Tobías, si te lanzo el alfiler desde aquí, no lo vas a encontrar. La calle está demasiado oscura.

Entonces contestó Tobías:

—Mira, haz una cosa: pincha el alfiler en un bollo de pan y luego me lo lanzas.

1. Expresiones y léxico

cosecha: frutos que se recogen de la tierra cultivada.
orgulloso: soberbio, que tiene demasiada autoestima.
ganadero: dueño de caballos, vacas, cerdos… que se gana la vida con ellos.
persiana: cortina para graduar la luz que entra por una ventana.
alfiler: pequeño clavo que sirve, generalmente, para recoger o sujetar los vestidos y otros adornos.

2. Actividades de comprensión

— ¿Qué hacía Tobías cuando era joven?
— ¿Qué le pasaba en algunas épocas?
— ¿Por qué pasaba hambre?
— ¿Quién era la novia de Tobías en aquella época?
— ¿Por qué se avergonzaba Tobías de su situación?
— ¿Qué hacía para disimularla?
— ¿Qué pasó cuando Tobías no pudo aguantar más el hambre?
— ¿Qué le pidió a su novia?
— ¿Qué le contestó Encarna?
— ¿Cómo solucionó Tobías el problema del alfiler?

3. Temas para debate

— El hambre aguza el ingenio.

32 TODO ES RELATIVO

Don Cosme, el párroco de Villarriba, pasaba un día por la plaza del pueblo, cuando vio a mucha gente reunida. Se acercó a ellos y les preguntó el motivo de su reunión. Entonces el médico del pueblo le contestó:

—Es que el alcalde va a **inaugurar** esta tarde una plaza **en honor de** Einstein.

—¿Y quién es ese Einstein? —preguntó el párroco con curiosidad.

—Einstein —respondió el maestro— fue un científico inteligentísimo, que descubrió la teoría de la relatividad.

—¿Y en qué consiste esa teoría? —preguntó don Cosme.

—Pues en que las cosas, según como se miren, no son siempre las mismas.

Don Cosme insistió, **dubitativo**:

—Y eso, ¿cómo se explica?

Volvió a intervenir el médico:

—Mire, **trataré de** ponerle un ejemplo que pueda entender: si una señora va a un **monasterio** a visitar a un **monje**, la señora es una señora y el monje es un hombre santo. Pero si un monje va a casa de la señora a visitarla, la señora ya no es una señora; y el monje ya no es, ni mucho menos, un hombre santo.

1. Expresiones y léxico

inaugurar: dar comienzo, abrir solemnemente algo.
en honor de: en recuerdo de alguien, en homenaje a alguien.
dubitativo: inseguro, con dudas.
tratar de: intentar, hacer lo posible por.
monasterio: lugar donde viven los monjes o las monjas.
monje: religioso que vive en un monasterio o en un convento.

2. Actividades de comprensión

— ¿Por dónde pasó don Cosme?
— ¿Qué vio allí el párroco?
— ¿Qué preguntó a los que estaban allí reunidos?
— ¿Por qué estaban todos en la plaza?
— ¿Qué nombre iba a tener la nueva plaza?
— ¿Qué preguntó don Cosme al escuchar el nombre?
— ¿Qué descubrió Einstein?
— ¿En qué consiste esa teoría?
— ¿Cómo explicó el médico más detalladamente la teoría de Einstein?

3. Temas para debate

— La teoría de la relatividad.

33 BAJO EL PUENTE

Tobías pasaba malas épocas y estaba acostumbrado a que los negocios le fueran mal. Unas veces ganaba mucho dinero y otras, muy poco.

En cierta ocasión, sin embargo, estaba desesperado. No conseguía ganar ningún dinero. Los **ahorros** que tenía guardados debajo de una **baldosa**, en el dormitorio, se **habían agotado** y no podía pedirle ya más dinero prestado a los amigos.

Tobías y su familia vivían en una casa alquilada y al no poder pagar el alquiler, tuvieron que irse a vivir debajo de un puente. Allí pusieron sus colchones, la mesa, las sillas y el **hornillo** de leña para cocinar.

Después de estar un rato debajo del puente, Tobías se levantó con intención de irse. Severiana le preguntó:

—¿Adónde vas, Tobías?

—Me voy al bar, con los amigos, a pasar un rato —contestó él.

—¡Pero, si **estamos en la ruina**! —se quejó Severiana—. ¿Es que no ves que estamos viviendo debajo de un puente?

—Yo, para tomar unas copas, nunca he necesitado dinero —respondió Tobías, muy digno—. Soy un señor, viva donde viva, y me voy porque yo soy quien manda en esta casa y hago lo que quiero.

—¡Está bien, está bien! —replicó, **malhumorada**, la mujer—. ¡Vete con tus amigotes, si es que no puedes estar sin ellos! Pero llévate la llave, para que no nos despiertes cuando vuelvas.

1. Expresiones y léxico

ahorros: dinero que una persona tiene guardado para gastos futuros.
baldosa: cada uno de los ladrillos finos que cubren el suelo de una habitación.
agotarse: acabarse, extinguirse.
hornillo: utensilio que sirve para cocinar o calentar la comida.
estar en la ruina: no tener nada de dinero.
malhumorado: enfadado, de mal humor.

2. Actividades de comprensión

— ¿A qué estaba acostumbrado Tobías?
— ¿Ganaba siempre el mismo dinero?
— ¿Por qué estaba desesperado?
— ¿Dónde guardaba los ahorros?
— ¿Por qué tuvieron que irse a vivir debajo de un puente?
— ¿Adónde quería ir Tobías?
— ¿Qué le dijo Severiana al enterarse de que se iba al bar?
— ¿Qué le contestó Tobías?
— ¿Cómo reaccionó ella ante la respuesta de su marido?
— ¿Qué le dijo a Tobías antes de que se fuera?

3. Temas para debate

— Los *sin techo*.

34 TOBÍAS, PREDICADOR

En la iglesia de Villarriba, el pueblo de Tobías, se estaban realizando unas **reformas** para modernizar el sistema de misas. Se trataba de establecer una mayor participación de los habitantes del pueblo, **ya fuera** cantando **salmos**, leyendo trozos de la Biblia o **predicando**.

Un domingo le tocó a Tobías predicar y, con voz muy **solemne**, comenzó a leer el sermón que se había preparado:

—¡Oh, Señor todopoderoso! Te agradecemos **infinitamente** el bien que nos haces. Protégenos del **pecado** y de todos los males que existen en este mundo. Apártanos de los pecadores y sé **misericordioso** con los que no

pecamos. ¡Oh señor!, si tu **ira** ha de caer sobre este mundo, salva a mi país. Si tu ira ha de caer **irremediablemente**, incluso sobre este país, salva a mi **provincia**. Pero si todavía tu ira ha de caer también sobre mi provincia, salva a Villarriba, mi pueblo, y que tu ira caiga sobre Villabajo y otros pueblos pecadores. ¡Oh señor!, si tu ira llegara incluso hasta Villarriba, salva de ella a los habitantes del número 17 de la calle Ancha, o **al menos**, a un buen hombre honesto y religioso que vive allí.

1. Expresiones y léxico

reforma: cambio para mejorar algo.
ya fuera: o.
salmo: composición o cántico que contiene alabanzas a Dios.
predicar: pronunciar un discurso religioso.
solemne: ceremonioso, majestuoso.
infinitamente: muchísimo, sin fin.
pecado: ofensa de los hombres contra Dios.
misericordioso: que se apiada, que siente lástima por los demás.
ira: enfado, cólera.
irremediablemente: sin solución, sin remedio.
provincia: cada una de las grandes divisiones de un territorio o Estado.
al menos: por lo menos, como mínimo.

2. Actividades de comprensión

— ¿Qué se estaba realizando en la iglesia de Villarriba?
— ¿Para qué se estaba realizando esta reforma?
— ¿En qué consistía?
— ¿Cómo podían participar los habitantes del pueblo en las misas?
— ¿A quién le tocó predicar ese domingo?
— ¿Cómo leyó Tobías el sermón que se había preparado?
— ¿Qué pidió a Dios?
— ¿A quién quería salvar Tobías en primer lugar?
— ¿Dónde vivía el hombre que Tobías pidió que se salvara?
— ¿Quién era el buen hombre que vivía en aquel lugar?

3. Temas para debate

— Egoísmo y solidaridad.

35 NI MUJERES, NI PERROS

En la **redacción** de un **prestigioso** periódico de la ciudad, un periodista conocido por su carácter **sarcástico** e irónico y por sus tendencias **machistas**, le dijo a la directora de redacción, una mujer de **ingenio** rápido, conocida por sus ideas **feministas**:

—¿Has visto la noticia que sale hoy en primera página?

—No, no he tenido ocasión de verla todavía. ¿Cuál es esa noticia? —preguntó ella con curiosidad.

—La noticia dice: *En un club muy* **exquisito** *de la ciudad, en el que no se aceptan mujeres ni perros, se ha declarado un incendio que ha ocasio-*

nado multitud de heridos, muchos de ellos, graves. ¡Para que luego las feministas estéis todo el día diciendo que las mujeres no tenéis **privilegios**! A veces tenéis algunas ventajas. ¡Fíjate, la suerte que has tenido! —exclamó, con ironía, el periodista.

La directora, al oír esto, **se indignó** enormemente. Pero, en vez de perder la calma y gritarle algún insulto, dijo al periodista, con voz muy tranquila:

—Creo que no lo has leído bien: vuelve a leer el titular con atención y te darás cuenta de que hemos tenido suerte los dos.

1. Expresiones y léxico

redacción: oficina donde se escribe un periódico.
prestigioso: que tiene buena fama o imagen.
sarcástico: que hace bromas ofensivas para los demás.
machista: que considera que los hombres son superiores a las mujeres.
ingenio: facultad de pensar o inventar con rapidez y facilidad.
feminista: defensora de los derechos y de la igualdad entre mujeres y hombres.
exquisito: selecto, de gran calidad.
privilegio: ventaja especial de que goza alguien.
indignarse: enfadarse, enfurecerse.

2. Actividades de comprensión

— ¿Dónde trabajaba el periodista?
— ¿Por qué era conocido?
— ¿Cómo era la directora de redacción?
— ¿Por qué era conocida?
— ¿Qué le dijo el periodista a la directora?
— ¿Cuál era la noticia?
— ¿Qué exclamó el periodista irónicamente?
— ¿Qué le pasó a la directora cuando oyó lo que dijo el periodista?
— ¿Reaccionó insultándole?
— ¿Qué le respondió?

3. Temas para debate

— Machismo y feminismo.

36 EL BURRO COJO

Tobías fue a la feria de ganado a comprar un burro y se acercó a un ganadero conocido con el nombre de *el tío Coquino*. Observó los burros que el vendedor tenía atados y se fijó en uno de color gris, que tenía buena apariencia.

Señalando al animal, Tobías preguntó:

—¿Es muy caro ese *borriquillo*?

—¡Qué va, **compadre**! —contestó el vendedor—. ¡A usted se lo doy regalado!

—Y... ¿es fuerte y sano? —quiso saber Tobías.

—¡**Vaya si** lo es! Puede andar treinta kilómetros al día, cargado con cuarenta kilos y sin pararse ni una vez a comer.

—Pues haga que se mueva un poco, a ver si corre como si lo persiguiera la **guardia civil**… —pidió Tobías.

El tío Coquino hizo correr al animal y Tobías se dio cuenta de que el burro **cojeaba**. Entonces comentó:

—No lo quiero, se mueve cómo si le **fallaran** las patas.

—¡Qué van a fallarle las patas, compadre; lo que pasa es que le ha hecho mucha gracia lo que ha dicho usted y no puede aguantar la risa!

1. Expresiones y léxico

compadre: expresión coloquial equivalente a *amigo*.
¡vaya si…!: ¡claro que…!
guardia civil: cuerpo de seguridad destinado principalmente a mantener el orden público en las zonas rurales.
cojear: caminar imperfectamente por defecto del movimiento de un pie o de una pata.
fallar: no funcionar adecuadamente.

2. Actividades de comprensión

— ¿Adónde fue Tobías?
— ¿A qué fue allí?
— ¿A quién se acercó?
— ¿Qué comenzó a mirar?
— ¿Cómo era el burro en el que se fijó Tobías?
— ¿Qué le preguntó al tío Coquino?
— ¿Cuanta carga podía soportar el burro?
— ¿Que quería Tobías que hiciese el burro?
— ¿De qué se dio cuenta al verle correr?
— ¿Por qué cojeaba el burro, según el vendedor?

3. Temas para debate

— La publicidad.

37 LA COMPAÑÍA DE JESÚS

La **orden** de los **Jesuitas**, fundada en el siglo XVI por San Ignacio de Loyola, se conoce también como *Compañía de Jesús*.

En una ocasión, un sacerdote jesuita vino a Villarriba, a dar unas charlas en la iglesia. Tobías fue a escuchar una de esas charlas y, a la salida, se quedó hablando con el sacerdote.

A Tobías le habían molestado varias **alusiones** que el jesuita había hecho a los hombres que **desperdiciaban** la vida en el bar, hablando con los amigos. Según el cura, eran unos **parásitos** y unos malos padres de fami-

lia. Tobías quería decirle al **conferenciante** que hablar con los amigos era algo bueno y que no por eso se era mal católico ni mal padre de familia. De modo que le dijo:

—Señor cura, no me ha gustado eso que ha dicho usted en la charla…

—Yo no soy cura —interrumpió secamente el jesuita—. Curas son los sacerdotes que trabajan en una parroquia y que atienden a una **congregación** fija. Yo soy un sacerdote de la Compañía de Jesús.

—¿De qué compañía de Jesús? —preguntó Tobías.

—¿De cuál va a ser?, ¡de la única que hay!

—Bueno —insistió Tobías—, eso no está tan claro, porque según me han enseñado a mí, Jesús, en su nacimiento, tuvo por compañía a una mula y un buey; pero en su muerte, la compañía que tuvo fue la de dos ladrones.

1. Expresiones y léxico

orden: organización de religiosos que viven sometidos a una regla.
jesuita: religioso perteneciente a la Compañía de Jesús.
alusión: referencia a una persona o cosa, sin nombrarla.
desperdiciar: malgastar, no utilizar bien algo.
parásito: que vive a costa de los demás.
conferenciante: persona que pronuncia una conferencia o una charla.
congregación: conjunto de personas que asiste regularmente a una iglesia.

2. Actividades de comprensión

— ¿Con qué otro nombre se conoce también la orden de los jesuitas?
— ¿Para qué fue un jesuita al pueblo de Tobías?
— ¿Adónde fue Tobías?
— ¿Qué le molestó?
— ¿Quiénes eran, para el cura, unos parásitos?
— ¿Qué le dijo Tobías al jesuita?
— ¿Qué es un cura?

— ¿Qué era el jesuita?
— ¿Qué le preguntó Tobías?
— ¿Qué contestó el jesuita?
— ¿Cuántas compañías de Jesús había, según Tobías?

3. Temas para debate

— Las órdenes religiosas.

38 EL PROFESOR EXPEDITIVO

Cuando Tobías iba a la escuela, era un niño muy **revoltoso** y **travieso** que ponía nerviosos a todos los profesores.

Un día, el profesor comenzó a explicar el alfabeto. Pintó las letras en la pizarra y empezó a decir a los alumnos el nombre de cada una de ellas:

—Esta primera es la letra A…

Tobías, que tenía entonces seis años, dijo, **suspicaz**:

—¿Y quién me asegura a mí que esa letra es la A?

El profesor hizo como si no lo escuchara y siguió:

—Esta otra es la letra B...
—¿Y cómo sé yo que usted no nos está mintiendo? —volvió a intervenir Tobías. Quizá la letra a la que usted llama B es la A y la que dice que es la A, se llama B.

Tobías siguió interrumpiendo de esta manera, hasta que el profesor, **harto** ya de él, se acercó a donde estaba sentado y, agarrándole por la oreja, le sacó del **pupitre** y le llevó a la pizarra.

—¡Ay, mi oreja! —gritó Tobías.
—¿Tu oreja? —le preguntó el profesor—. ¿Cómo sé yo que esto es una oreja?
—¡Todo el mundo sabe que esto es una oreja! —gimió Tobías.
—¡Ay, muchacho! Del mismo modo que todo el mundo sabe que esto es una oreja, también sabe que estas letras son la A y la B.

1. Expresiones y léxico

expeditivo: que pasa directamente a la acción, que toma decisiones rápidas.
revoltoso: inquieto, que arma jaleo y se pelea con los demás.
travieso: indisciplinado, desobediente.
suspicaz: que sospecha de todo y cree que siempre le están engañando.
harto: cansado.
pupitre: mueble de madera formado por una mesa y un asiento unidos.

2. Actividades de comprensión

— ¿Cómo era Tobías en la escuela?
— ¿Qué le pasaba a los profesores cuando trataban con él?
— ¿Qué comenzó a explicar un día el profesor?
— ¿Qué escribió en la pizarra?
— ¿Qué es el alfabeto?
— ¿Qué decía Tobías al profesor mientras explicaba?
— ¿Qué hizo el profesor cuando se hartó de Tobías?

— ¿Por qué gritó Tobías?
— ¿Qué le contestó el profesor?
— ¿Qué broma le gastó el profesor a Tobías?

3. Temas para debate

— Alumnos insoportables.

39 EN EL CIRCO

Por aquella época, Tobías estaba sin dinero y tuvo que buscar rápidamente un trabajo; cualquier trabajo le serviría, porque tenía que comer y pagar su **alojamiento**.

Tuvo la suerte de ser contratado para trabajar en un circo. Un día se encontró con su amigo Facundo y le dijo:

—Ahora trabajo en un circo; si quieres, te regalo una entrada y vienes esta tarde a verme. Luego, después de la función, quedamos en un bar que está enfrente del circo y charlamos un rato.

A Facundo le pareció buena idea y aceptó encantado la invitación de Tobías. Por la tarde, se fue al circo y contempló el espectáculo. Había mu-

chos **números**: payasos simpáticos, **trapecistas**, **malabaristas**, encantadores de serpientes y un gran espectáculo con muchos animales salvajes, como leones y tigres.

Facundo quedó encantado, pero se sorprendió de no ver actuar a Tobías. Después de la función, fue al bar donde había quedado citado con él. Cuando Tobías apareció, Facundo le dijo:

—No te he visto en ninguno de los números del circo.

—Es natural —respondió Tobías—. Yo soy el gorila que pasa andando sobre una cuerda por encima de todas las fieras salvajes

—Pero ¡eso es muy peligroso! —dijo el amigo, asustado—. ¿No te da miedo **resbalar** o que se rompa la cuerda y caigas sobre las fieras?

—¡Qué va! —contestó Tobías—. ¡Si todas las fieras son gente del pueblo!

1. Expresiones y léxico

alojamiento: sitio en el que se vive.
número: *show*, espectáculo en una función de circo o de teatro.
trapecista: persona que actúa en el circo haciendo acrobacias sobre un trapecio.
malabarista: persona que realiza juegos en los que mantiene objetos en equilibrio.
resbalar: deslizarse, tropezar.

2. Actividades de comprensión

— ¿Por qué tuvo Tobías que buscar rápidamente un trabajo?
— ¿Quería algún trabajo en especial?
— ¿Dónde fue contratado?
— ¿Qué le dijo Tobías a Facundo?
— ¿Qué le regaló a su amigo?
— ¿Dónde quedó Tobías con Facundo después de la función?
— ¿Qué espectáculos había en el circo?
— ¿Por qué se sorprendió Facundo?
— ¿Qué le dijo a Tobías cuando se encontraron en el bar?

— ¿Por qué era natural que no le hubiera visto?
— ¿En qué consistía la actuación de Tobías?
— ¿Qué le preguntó Facundo?
— ¿Qué respondió Tobías?

3. Temas para debate

— El mundo del circo.

40 EN LA IGLESIA, SIN VELO

En las iglesias católicas fue costumbre que, como señal de respeto, las mujeres llevasen velo para cubrirse la cabeza y los hombres se quitasen el sombrero.

En los últimos tiempos, sin embargo, las cosas estaban cambiando: cada vez era mayor el número de mujeres que acudía sin velo a la iglesia. El párroco de Villarriba, don Cosme, un hombre mayor, muy tradicional, **se irritaba** por esa falta de respeto que, según él, mostraban algunas mujeres.

El domingo, en la misa, habló así:

—Casi siempre me habéis oído **criticar** a los hombres por su falta de respeto en la iglesia, y es cierto que se colocan **al fondo**, hablan entre ellos y a veces salen a la calle a fumarse un cigarro. Pero ni un solo hombre entra en la iglesia con el sombrero puesto. ¿Por qué, entonces, las mujeres no llevan siempre puesto el velo cuando están en la casa de Dios? Deberían mostrar el mismo respeto que muestran los hombres.

Después del sermón, don Cosme estaba convencido de que todas las mujeres le harían caso, pero no fue así: un pequeño grupo de mujeres siguió entrando en la iglesia con la cabeza descubierta. Don Cosme, irritado, colocó en la puerta de la iglesia un cartel en el que ponía:

> ENTRAR EN LA IGLESIA SIN VELO ES UN PECADO, LO MISMO QUE EL **ADULTERIO**

Al día siguiente, por la mañana, cuando el párroco fue a abrir la iglesia, miró el cartel y vio que alguien había escrito debajo, con una letra femenina:

> *HE PROBADO LOS DOS;*
> *NO HAY **NI PUNTO DE COMPARACIÓN***

1. Expresiones y léxico

velo: especie de pañuelo que las mujeres se ponían sobre la cabeza.
irritarse: sentirse molesto por algo.
criticar: censurar, quejarse.
al fondo: en la parte de atrás.
adulterio: relación amorosa entre personas casadas que no son cónyuges.
ni punto de comparación: ni el menor parecido o semejanza.

2. Actividades de comprensión

— ¿Qué debían hacer antiguamente las mujeres y los hombres en la iglesia?

— ¿Qué estaba ocurriendo últimamente?
— ¿Por qué se irritaba el párroco?
— ¿Cómo era don Cosme?
— ¿Qué dijo en la misa del domingo?
— ¿Hicieron caso al párroco las mujeres?
— ¿Qué hizo don Cosme cuando vio que no le habían hecho caso?
— ¿Qué decía el cartel que puso en la puerta de la iglesia?
— ¿Qué habían escrito al día siguiente debajo del cartel?

3. Temas para debate

— Cambios en las costumbres.

41 UNA CABEZA DURA

Cuando Tobías era pequeño, iba todos los días a la escuela de Villarriba. El maestro, don Anselmo, era un hombre mayor que intentaba, con esfuerzo, meter algunos conocimientos en la cabeza de sus **torpes** alumnos.

De entre todos ellos, el que más desesperaba al maestro era Tobías. Nunca prestaba atención en clase, siempre estaba hablando y jugando con los otros chicos y por eso nunca se enteraba de nada de lo que el profesor había explicado. Don Anselmo repetía pacientemente todas sus explicaciones para que Tobías pudiera entenderlas, pero frecuentemente, al no conseguir que el muchacho se enterase, le decía:

—Tobías, ¡eres un cabezota!, ¡tienes la cabeza más dura que un **adoquín**!

En una ocasión, don Anselmo estuvo hablando de los peligros de la vida y de las **precauciones** que hay que tomar para evitar accidentes. Al final de su explicación se dirigió a Tobías:

—Vamos a ver, Tobías: si fueras en un tren y éste tuviera que pasar por un túnel, ¿qué harías?

—Lo primero que *no* haría —dijo Tobías— sería sacar la cabeza por la ventanilla.

—Muy bien dicho —dijo, complacido, don Anselmo—. Y eso, ¿por qué?

—Para no causar **desperfectos** en el túnel con mi cabeza de adoquín —respondió Tobías, muy satisfecho.

1. Expresiones y léxico

torpe: poco inteligente, con poca habilidad para aprender.
adoquín: piedra de forma rectangular que se utiliza para hacer pavimentos.
precaución: cuidado para evitar peligros.
desperfecto: daño que se causa a algo.

2. Actividades de comprensión

— ¿Adónde iba Tobías de pequeño?
— ¿Cómo se llamaba el maestro?
— ¿Qué intentaba hacer don Anselmo?
— ¿Quién era el alumno que más le desesperaba?
— ¿Qué hacía Tobías en clase?
— ¿Por qué repetía el maestro las explicaciones?
— ¿Qué le decía a Tobías cuando no entendía las cosas?
— ¿De qué habló don Anselmo en una ocasión?
— ¿Qué le preguntó a Tobías al final de su explicación?
— ¿Qué contestó Tobías?
— ¿Por qué no debía sacar la cabeza por la ventanilla dentro del túnel?

3. Temas para debate

— La enseñanza en el medio rural.

42 UN GENERAL MODERNO

Un general fue a realizar una visita de **inspección** a una **guarnición** situada en una pequeña isla del Mediterráneo, muy cerca de las costas de África. La isla era muy pequeña y en ella no vivían **civiles**; sólo había militares.

Durante su estancia en el cuartel, el general comprobó que los soldados se preparaban diariamente para la guerra haciendo gimnasia, ejercicios de tiro al blanco y prácticas de ataque y de defensa. Durante la semana, la vida en la isla era **entretenida**, porque había mucho trabajo que hacer. Pero los fines de semana eran muy aburridos. Por esta razón, en el

109

cuartel se organizaban distintas actividades recreativas, como **proyección** de películas, competiciones de fútbol y fiestas.

Durante la celebración de una de estas fiestas, un capitán que había venido como ayudante del general se quedó muy asombrado al ver que los hombres bailaban mientras la **orquesta** tocaba música. Fue a hablar con el general y le dijo:

—Mi general, acabo de ver en la fiesta que los soldados bailan unos con otros. ¿Quiere usted que lo prohíba?

—No, capitán —contestó el general—. Yo soy un hombre moderno. En todo caso, prohíba **únicamente** que los oficiales bailen con miembros de la **tropa**.

1. Expresiones y léxico

inspección: comprobación del buen funcionamiento de algo.
guarnición: conjunto de soldados que viven en un cuartel.
civiles: personas que no son militares.
entretenido: divertido, ameno.
proyección: acción de poner una película de cine.
orquesta: conjunto de músicos que tocan en fiestas o conciertos.
únicamente: exclusivamente, solamente.
tropa: soldados normales, que no tienen ninguna graduación militar.

2. Actividades de comprensión

— ¿Dónde estaba situado el cuartel?
— ¿Qué hacían los soldados en el cuartel?
— ¿Cómo era la vida en la isla?
— ¿Qué se organizaba en el cuartel?
— ¿Quién se quedó muy asombrado en uno de los bailes?
— ¿Qué fue lo que vio el capitán en la fiesta?
— ¿Qué le propuso al general?
— ¿Cómo era el general?
— ¿Qué mandó prohibir el general?
— ¿Por qué los soldados no bailaban con las chicas, sino entre ellos?

3. Temas para debate

— La vida en el ejército.

43 LA SALTIMBANQUI

A Villarriba, el pueblo de Tobías, había llegado un circo. Una de las artistas del circo fue a **confesarse** con don Cosme:

—Padre, yo soy buena católica —dijo—, voy a misa los domingos y llevo una vida **honesta**, pero hay cosas de mi profesión que quizá son un poco **indecentes**.

—¿Cuál es tu profesión, hija? —le preguntó el párroco.

—Soy saltimbanqui.

—Y ¿qué es eso? —se extrañó el sacerdote.

—Eso quiere decir que soy **funámbula**, **volatinera**…

—Pues como no me des más datos… —dijo don Cosme, **perplejo**.

—Espere, padre. Ahora mismo se lo enseño.

La chica salió del **confesonario** y dio dos volteretas en al aire. Todas las señoras mayores que había en la iglesia salieron corriendo de ella. La saltimbanqui, extrañada, preguntó:

—¿Qué les pasa, señoras?

—Que nos vamos a confesar con el cura del pueblo de al lado —respondió una de las ancianas—. ¡Este párroco manda unas **penitencias** muy difíciles!

1. Expresiones y léxico

saltimbanqui: persona que realiza saltos peligrosos y espectaculares en el circo.
confesarse: declarar una persona los pecados que ha cometido a un sacerdote.
honesto: persona honrada, sincera.
indecente: contrario al pudor.
funámbulo: persona que hace ejercicios de equilibrio en la cuerda o en el alambre.
volatinero: persona que anda y hace piruetas por el aire sobre una cuerda o alambre.
perplejo: confuso, que no sabe qué pensar ni qué hacer.
confesonario: cabina en la que se coloca el sacerdote para oír las confesiones sacramentales en las iglesias.
penitencia: pena que impone el confesor al penitente para satisfacción del pecado.

2. Actividades de comprensión

— ¿Qué había llegado a Villarriba?
— ¿Quién fue a confesarse con don Cosme?
— ¿Qué le confesó la chica al cura?
— ¿Qué profesión tenía?
— ¿Qué le preguntó el cura?
— ¿Sabía don Cosme en qué consistía el trabajo de la chica?
— ¿Qué hizo la chica para explicar en qué trabajaba?

— ¿Qué hicieron todas las señoras mayores?
— ¿Qué preguntó la saltimbanqui, extrañada?
— ¿Adónde querían irse las señoras mayores?
— ¿Por qué no querían confesarse con ese cura?

3. Temas para debate

— Profesiones poco usuales.
— La confesión en la religión católica.

44 TOBÍAS Y LA TÁCTICA MILITAR

En el ejército, los soldados reciben clases teóricas y realizan ejercicios prácticos. Por la mañana hacen gimnasia, luego aprenden a **desfilar** y también realizan prácticas de combate.

En las prácticas de combate, los soldados aprenden a disparar, a lanzar **granadas**, a atacar las posiciones enemigas, a **camuflarse**… En las clases teóricas tienen que aprender cosas como la diferencia entre **infantería, artillería y caballería**, la organización del ejército en patrullas, compañías, brigadas, divisiones… y también los grados militares, es decir, los cabos, sargentos, tenientes, capitanes, comandantes, coroneles y generales.

Tobías estaba haciendo su servicio militar en un campamento situado en Almería. El teniente había dado una clase teórica sobre las minas, explosivos que se entierran en el suelo para que estallen al ser pisados por soldados o vehículos enemigos.

Al final de la clase, el teniente preguntó si alguien tenía alguna duda. Tobías levantó la mano y dijo:

—Mi teniente, ¿qué podemos hacer si pisamos una mina?

—El **procedimiento habitual** —contestó el militar— es **esparcirse** en pedazos por un círculo de treinta metros de diámetro.

1. Expresiones y léxico

táctica: arte de colocar las tropas en el campo de batalla.
desfilar: caminar los soldados ordenadamente y en fila.
granada: bomba pequeña que se lanza con la mano.
camuflarse: disimular la presencia confundiéndose con el entorno.
infantería: tropa que opera andando.
artillería: cuerpo de soldados que mantiene y utiliza las armas.
caballería: cuerpo de soldados montados a caballo.
procedimiento habitual: método normal de actuar, de ejecutarse algo.
esparcirse: extenderse ampliamente algo que era compacto.

2. Actividades de comprensión

— ¿Qué hacen los soldados en el ejército?
— ¿Qué hacen por la mañana?
— ¿Qué hacen en las prácticas de combate?
— ¿Qué aprenden los soldados en las clases teóricas?
— ¿Cuáles son los grados militares?
— ¿Dónde estaba Tobías haciendo el servicio militar?
— ¿Quién había dado la clase teórica?
— ¿Sobre qué había sido la clase?
— ¿Qué son las minas?
— ¿Qué preguntó Tobías al teniente?
— ¿Qué respondió el militar?

3. Temas para debate

— Utilidad de las enseñanzas en el servicio militar.

45 LA FE MUEVE MONTAÑAS

Un día, Tobías, muy preocupado, fue a ver a don Cosme. El párroco le recibió enseguida y le preguntó:
—¿Qué te pasa Tobías?
—Don Cosme, tengo un gran problema: creo que he **perdido la fe**. La Biblia dice que si tuviera fe, movería montañas y yo no puedo moverlas. ¡Ayúdeme, señor cura! ¿Cómo puedo volver a tener fe?
—Nada más fácil —le contestó don Cosme—. ¡Claro que puedes mover montañas! Y te lo voy a demostrar.

Don Cosme y Tobías se fueron al campo y cuando llegaron a un valle rodeado de montañas por todas partes, el párroco dijo a Tobías:

—Grita ahora muy fuerte: ¡*Montaña, muévete!*

—¡¡¡Montaña, muévete!!! —gritó Tobías con todas sus fuerzas.

A los pocos segundos se oyó un ruido procedente de las **cumbres**. Era un gran **alud** de nieve y piedras, provocado por los gritos de Tobías. Los dos hombres tuvieron que correr muy deprisa para no ser aplastados por la **avalancha**. Cuando por fin estuvieron a salvo, don Cosme, **jadeando**, dijo:

—¿Qué, Tobías?, ¿te has convencido ahora de que la fe mueve montañas?

1. Expresiones y léxico

La fe mueve montañas: frase bíblica que indica que con la fe se puede conseguir todo.
perder la fe: dejar de creer en algo.
cumbre: cima, parte más alta de una montaña.
alud: gran masa de nieve que cae de los montes.
avalancha: desprendimiento de piedras y rocas.
jadear: respirar pesadamente y con dificultad.

2. Actividades de comprensión

— ¿A quién fue a visitar Tobías?
— ¿Qué le preguntó el cura?
— ¿Cuál era el problema?
— ¿Qué le preguntó Tobías al cura?
— ¿Qué le iba a demostrar don Cosme?
— ¿Adónde fueron Tobías y el cura?
— ¿Qué gritó Tobías?
— ¿Qué ocurrió entonces?
— ¿Qué tuvieron que hacer los dos para escapar?
— ¿Qué le dijo el cura a Tobías una vez que estuvieron a salvo?

3. Temas para debate

— Fe y superstición.

46 PERITO EN LA MATERIA

Venancio era un pastor de Villarriba, el pueblo de Tobías. Todos los días recogía su **rebaño** y lo llevaba a la montaña, donde las ovejas comían la hierba verde. Al atardecer, Venancio traía de vuelta sus ovejas al pueblo.

Un día, un **Land Rover** paró cerca de donde estaba Venancio y varias personas salieron del coche; entre ellas, dos hombres con uniformes de policía. Un señor muy elegante, con **aspecto** de político, se dirigió a Venancio y después de charlar con él durante un rato, le dijo:

—Oiga, si acierto cuantas ovejas tiene en ese rebaño, ¿me dará una?

—Bueno —dijo Venancio, que no sabía qué responder.
—Vamos a ver… pues tiene… ¡132 ovejas!
—¡Caramba! —exclamó, sorprendido, Venancio— ¿cómo lo ha sabido? Bueno, pues elija una oveja. Un trato es un trato.
Cuando el político hubo hecho su elección, Venancio le dijo:
—Escuche… y si yo le digo en qué trabaja usted, ¿me devolverá lo que he perdido?
—Sí, claro —respondió, muy seguro, el político.
—Usted es el Ministro de Ganadería y Pesca, ¿verdad?
—¡Vaya!, ¿cómo lo ha adivinado?
—Muy fácil: ha cogido usted uno de los **perros pastores**, en lugar de una oveja.

1. Expresiones y léxico

perito en la materia: experto en una cuestión.
rebaño: conjunto de ovejas, cabras, corderos…
Land Rover: coche que sirve para viajar por caminos de montaña.
aspecto: apariencia, imagen.
perro pastor: perro que ayuda al pastor a conducir el rebaño.

2. Actividades de comprensión

— ¿En qué trabajaba Venancio?
— ¿Qué recogía todos los días?
— ¿Qué hacían las ovejas en la montaña?
— ¿Cuándo traía Venancio el rebaño de vuelta al pueblo?
— ¿Qué paró un día cerca de donde estaba Venancio?
— ¿Quién se dirigió a Venancio? ¿Qué le dijo?
— ¿Cuántas ovejas tenía el rebaño?
— ¿Qué le preguntó el pastor al político?
— ¿En qué trabajaba?
— ¿Cómo supo Venancio su profesión?

3. Temas para debate

— Sabiduría popular.

47 EL BARÓMETRO

Tobías entró en una **óptica** y pidió hablar con el encargado. La señorita que estaba detrás del **mostrador** le dijo que esperara un momento y desapareció por la puerta que conducía a la parte **posterior** de la tienda.

Al rato salió un hombre mayor, con gafas, que se dirigió a Tobías:

—Buenos días, ¿en qué puedo servirle?

—Muy buenos días tenga usted, ¿tendrían ustedes, por casualidad, *varios metros*?

—Varios metros, ¿de qué? —el hombre no entendía lo que Tobías quería decir. Éste intentó explicar lo que deseaba:

—Sí, ya sabe usted…, uno de esos aparatos que sirven para la lluvia.

—¡Ah, barómetros! —exclamó, aliviado, el encargado.

—Sí, eso mismo —dijo Tobías—, déme uno, si tiene la bondad.

El encargado trajo una escalera de mano, se subió a ella y buscó entre las cajas de una **estantería**.

Por fin bajó con una caja de tamaño mediano y se la entregó a Tobías. Éste sacó de la caja el aparato, lo miró por todas partes y finalmente preguntó:

—Oiga, ¿podría decirme dónde se **aprieta** para que llueva?

1. Expresiones y léxico

barómetro: instrumento para medir la presión atmosférica.
óptica: tienda en la que se venden aparatos ópticos, tales como gafas, lupas o microscopios.
mostrador: mesa o tablero que en las tiendas sirve para presentar los productos que se venden.
posterior: de la parte trasera.
estantería: mueble formado por tablas horizontales, en las que se colocan cosas.
apretar: oprimir, pulsar, ejercer presión sobre una cosa.

2. Actividades de comprensión

— ¿Adónde fue Tobías?
— ¿Por quién preguntó a la señorita de la tienda?
— ¿Qué pidió al encargado?
— ¿Entendió enseguida el encargado lo que quería Tobías?
— ¿Qué intentó explicarle éste?
— ¿Qué era lo que quería en realidad?
— ¿Qué trajo el encargado?
— ¿Qué hizo Tobías con la caja entre sus manos?
— ¿Que preguntó al vendedor?

3. Temas para debate

— Buenos y malos vendedores.

48 EL MOTE

Es frecuente que en los pueblos se pongan motes a las personas. Un mote es el nombre que se da a una persona por sus características o por alguna circunstancia de su vida. Así, por el color del pelo, se le puede llamar a alguien *el rubio* o *el moreno*. Por un defecto físico pueden llamarle *el cojo* o *el bizco*. Por su aspecto se le puede llamar *el flaco* o *el gordo*. Por la profesión, *el zapatero, el herrero, el cartero* o *el **ferroviario***.

Los motes se **transmiten** de padres a hijos. Muchos apellidos actuales son antiguos motes que tenían los antepasados.

El nieto de Tobías estaba un día hablando con él y le preguntó:

—Abuelo, a ti ¿por qué te llaman Tobías *el tripagorda*?

Tobías se puso de muy mal humor y dijo a su nieto:

—Mira: yo he hecho muchas cosas en la vida, a pesar de que no tuve la suerte de tener estudios. ¿Ves esa fuente en el centro de la plaza? La hice yo cuando era joven, y ¿acaso me llaman Tobías *el constructor*? ¡Nada de eso!

¿Ves la casa en la que vivimos? Yo la construí con mis propias manos cuando me casé. ¿Acaso me llaman Tobías **el arquitecto**? ¡Qué va! ¿Quién te crees que hizo el puente sobre el río? ¡Yo! Y, ¿de qué me ha valido?, ¿acaso me llaman Tobías **el ingeniero**? No. Pero me llaman Tobías *el tripagorda* porque hace treinta años, mientras trabajaba en la carretera, durante un descanso, alguien me vio comiéndome tres platos de **fabada**.

1. Expresiones y léxico

ferroviario: trabajador de los ferrocarriles, de los trenes.
transmitir: trasladar, pasar de una persona a otra.
arquitecto: persona que proyecta edificios.
ingeniero: persona que diseña los planos de los puentes, de las carreteras…
fabada: potaje de judías con tocino, chorizo y morcilla, típico de Asturias.

2. Actividades de comprensión

— ¿Qué se usa en los pueblos para llamar a las personas?
— ¿Qué son los motes?
— ¿Cómo se ponen? ¿Cómo se heredan?
— ¿Qué son frecuentemente los apellidos actuales?
— ¿Qué le preguntó a Tobías su nieto?
— ¿Qué le pasó a Tobías cuando oyó la pregunta?
— ¿Cómo podían haber llamado a Tobías, según él?
— ¿Cómo le llamaban en realidad? ¿Por qué?

3. Temas para debate

— Sobrenombres de reyes, escritores y artistas: Alfonso X *el Sabio*; José Martínez Ruiz, *Azorín*; Doménico Teotocópulos, *el Greco*…

49 VETERINARIO *AMATEUR*

Un día, Saturnino, un vecino del pueblo, fue, muy preocupado, a visitar a Tobías:

—Señor Tobías, necesito su ayuda: una **epidemia** se ha extendido por mi granja de gallinas. ¿Qué debo hacer para **erradicarla**?

Tobías **meditó** un rato y luego le respondió:

—No soy veterinario, ni médico ni farmacéutico, pero creo que debes alimentar a tus gallinas sólo con pan mojado en leche.

—Muchas gracias, señor Tobías.

Un par de días más tarde, Saturnino volvió a buscar a Tobías. El remedio no había funcionado. Todas las gallinas seguían enfermas.

Tobías le dijo:

—Inténtalo esta vez con trigo mezclado con vino.

Pero tampoco esta receta dio resultado. Tobías ofreció otros remedios diversos para curar a las gallinas. Finalmente, varios días después, volvió Saturnino, **desesperado**, a visitar a Tobías, lamentándose de que todas sus gallinas estaban muertas.

—¡Ay, qué pena! —dijo Tobías—, ¡con la cantidad de **remedios** que todavía me quedaban por probar!

1. Expresiones y léxico

amateur (galicismo)**:** aficionado, no profesional.
epidemia: enfermedad que afecta a muchas personas o animales de una región.
erradicar: eliminar, acabar con algo.
meditar: pensar, reflexionar.
desesperado: falto de esperanza, de paciencia.
remedio: solución a un problema.

2. Actividades de comprensión

— ¿Quién fue un día a visitar a Tobías?
— ¿Cómo estaba Saturnino?
— ¿Qué les ocurría a sus gallinas?
— ¿Qué pidió a Tobías?
— ¿Qué le aconsejó éste en primer lugar?
— ¿Por qué volvió Saturnino a visitar a Tobías?
— ¿Qué le aconsejó éste entonces?
— ¿Por qué se lamentó el vecino cuando fue por tercera vez?
— ¿Qué le contestó Tobías?
— ¿Salvó Tobías a las gallinas?

3. Temas para debate

— Profesionales y aficionados.

50 LA DIVINA PROVIDENCIA

Un día estaba Tobías de tertulia con sus amigos, cuando Licinio, un vecino del pueblo, hombre **tacaño**, pequeño y calvo, se puso a discutir con él sobre si el mundo estaba bien o mal hecho.

—Naturalmente que está bien hecho —dijo Tobías—. Fijaos que Dios ha puesto los desiertos y los polos donde apenas vive gente, para evitarnos el **tremendo** calor y el frío extremado que allí hace. Ha hecho la oscuridad por la noche, que es cuando necesitamos dormir. Ha puesto agua en los puertos para que los barcos floten. Y fijaos si resulta **providencial** que siempre que la **cigüeña** trae un niño, hay una madre cerca para cuidarlo.

—En eso, evidentemente, tienes toda la razón —dijo Licinio—. Pero entonces, ¿por qué soy yo calvo, pequeño y algo sordo?

—Está claro —replicó Tobías— que Dios, conociendo lo poco que te gusta gastar tu dinero, te hizo así para que no tuvieras que pagarle nada al peluquero; y al sastre, sólo la mitad de lo que pagamos los demás por nuestros trajes. En cuanto a lo de ser sordo, resulta **evidente** que es una gran ventaja para ti: siendo sordo puedes aceptar las invitaciones de los demás para beber vino y luego fingir que no te enteras cuando te decimos que te toca pagar a ti.

1. Expresiones y léxico

tacaño: persona a la que no le gusta gastar su dinero.
tremendo: muy grande, terrible.
providencial: oportuno, conveniente.
cigüeña: ave de pico alargado, que, según la tradición popular, trae a los niños al mundo.
evidente: que consta claramente, sin necesidad de demostración.

2. Actividades de comprensión

— ¿Qué estaba haciendo Tobías aquel día?
— ¿Con quién se puso a discutir?
— ¿Cómo era Licinio?
— ¿Sobre qué discutieron los dos?
— ¿Qué opinaba Tobías?
— ¿Para qué había situado Dios los desiertos y los polos donde no vive nadie?
— ¿Para qué había hecho la oscuridad?
— ¿Qué es lo que resultaba providencial, según Tobías?
— ¿Qué opinaba Licinio de todo esto?
— ¿Qué le preguntó a Tobías?
— ¿Por qué Dios había hecho a Licinio calvo, pequeño y sordo?

3. Temas para debate

— *La Naturaleza es sabia. ¿Sí o no?*

GLOSARIO *

---
* Los números entre paréntesis indican el capítulo en que cada palabra aparece por vez primera.

A

abogado/a	(2)	lawyer
abundante	(31)	abundant
aburrido/a	(42)	boring
acaso	(48)	perhaps
accidente, el	(41)	accident
acción, la	(1)	action
aceite, el	(2)	oil
aceptar	(6)	to accept
acera, la	(21)	pavement
acercar(se)	(21)	to approach, come closer
acertar	(46)	to guess (correctly)
aclarar	(11)	to clarify, explain
acompañante, el, la	(20)	companion
acompañar	(19)	to accompany
aconsejar	(1)	to advise
acordarse	(18)	to remember
acostumbrado/a	(2)	accustomed
actual	(48)	current
actuar	(39)	to act
acudir	(26)	to attend, visit, go to
adentro	(21)	inside
adivinar	(12)	to guess
admitir	(20)	to admit
adoquín, el	(41)	paving stone
adulterio, el	(40)	adultery
aficionado/a	(28)	fan, amateur
afirmar	(17)	to affirm, state
agarrar	(38)	to grab, grip, seize
agotar	(33)	to use up, finish
agradecer	(34)	to thank
agujero, el	(28)	hole
ahorro, el	(1)	saving
ahumado/a	(30)	smoked
ajustar	(10)	to fit
ala, el (fem.)	(23)	wing
albañil, el	(2)	bricklayer, mason
albañilería, la	(2)	brickwork, masonry
alcalde/esa	(29)	mayor/mayoress
aldea, la	(18)	village
alegrar(se)	(7)	to be happy
alfiler, el	(31)	needle
aliviado/a	(47)	relieved
almorzar	(14)	to have lunch
alojamiento, el	(39)	accomodation
alquiler, el	(33)	rent
alud, el	(45)	avalanche
alusión, la	(37)	allusion, mention, reference
ambiente, el	(28)	atmosphere
amenizar	(29)	to enliven, make more entertaining
amontonar	(22)	to pile up
antepasado/a	(29)	ancestor
antigüedad, la	(22)	antiquity
anuncio, el	(8)	advert
añadir	(26)	to add
aparato, el	(47)	device
aparecer	(3)	to appear
apariencia, la	(36)	appearance
apartar	(25)	to move away
apearse	(20)	to get out
apetecer	(21)	to feel like
apiadar(se)	(21)	to take pity on
aplastado/a	(45)	crushed, flattened

aporrear	(27) to beat	botón, el	(31) button
aprender	(2) to learn	brigada, la	(44) squad, brigade
aprendiz/a	(6) aprentice	buey, el	(37) ox
apretar	(47) to tighten	burro/a	(36) stubborn
arrancar	(20) to start (vehicle)	buscar	(19) to look for
arriesgar(se)	(1) to risk		
artillería, la	(44) artillery		
asegurar	(17) to ensure		

C

asignatura, la	(2) subject	caballería, la	(44) cavalry
asomar(se)	(14) to lean out of	caballero, el	(25) horseman
asombro, el	(27) surprise, astonishment	caballo, el	(13) horse
aspecto, el	(4) appearance	cabezota, el, la	(41) pigheaded person
asustar(se)	(39) to be frightened	cabo, el, la	(44) corporal
atacar	(44) to attack	caer	(20) to fall
atardecer, el	(46) to get dark	caja, la	(47) box
atasco, el	(25) traffic jam	calar	(25) to stall (car)
atormentado/a	(1) tormented	callar	(26) to be quiet
atractivo/a	(4) attractive	calma, la	(35) calm
atraer	(19) to attract	calvo/a	(48) bald
atrever(se)	(15) to dare	camarero/a	(12) waiter/waitress
auditorio, el	(15) auditorium, lecture hall	cambiar	(40) to change
avalancha, la	(45) avalanche	camino, el	(4) path
avanzar	(27) to advance	camión, el	(8) lorry
avenida, la	(19) avenue	camisa, la	(31) shirt
avergonzar(se)	(24) to be ashamed	campamento, el	(44) camp
avisar	(22) to warn	campanario, el	(23) belfry, bell tower
		campesino/a	(18) peasant

B

		camuflaje, el	(28) camouflage
		camuflar(se)	(44) to camouflage
bajar	(27) to go down, lower	canoso/a	(6) grey-haired
balcón, el	(31) balcony	capilla, la	(19) chapel
baldosa, la	(33) floor tile, paving stone	carácter, el	(35) character
barra, la	(16) bar	característica, la	(48) characteristic, feature
barrio, el	(6) district	carente	(22) lacking
basar(se)	(1) to be based on	cargado/a	(36) loaded
bata, la	(15) dressing gown	caritativo/a	(21) charitable
bloquear	(25) to block	carnicería, la	(24) butcher's shop
bocina, la	(25) car horn	carnicero/a	(2) butcher
boda, la	(29) wedding	caro/a	(14) expensive
bollo, el	(31) bread roll	carpintería, la	(2) carpinter
bolsa, la	(1) bag	carretera, la	(48) road
bolsillo, el	(9) pocket	cartas, las	(13) cards
bombón, el	(26) chocolate (sweet)	cartera, la	(7) wallet
botella, la	(16) bottle	cartero/a	(48) postman/woman
boticario/a	(23) chemist	cascarrabias	(12) irritable person

casino, el	(13)	casino		conducir	(8)	to drive
catedrático/a	(2)	professor		conducta, la	(28)	conduct, behaviour
caza, la	(24)	hunting		conductor/a	(8)	driver
cazador/a	(24)	hunter		conejo/a	(24)	rabbit
cazar	(24)	to hunt		confesar(se)	(43)	to confess
celebración, la	(42)	celebration		confesonario, el	(43)	confession box
celebrar	(19)	to celebrate		confiar	(6)	to trust in
cerilla, la	(20)	match		confirmar	(22)	to confirm
chaqueta, la	(9)	jacket		congelador, el	(17)	freezer
charla, la	(37)	chat		congregación, la	(37)	congregation
charlar	(3)	to chat		conseguir	(13)	to achieve
chatarrería, la	(8)	scrap yard		consejero/a	(27)	advisor
chatarrero/a	(8)	scrap merchant		consejo	(1)	advice
cigarro, el	(40)	cigarette		consistir	(15)	to consist
cigüeña, la	(50)	stork		constructor/a	(6)	builder
circo, el	(39)	circus		construir	(48)	to build
circunstancia, la	(48)	circumstance		contar	(13)	to count
citar	(40)	to make an appointment with		contemplar	(39)	to contemplate
				contrario/a	(25)	opposite
clavel, el	(27)	carnation		contratado/a	(8)	contracted, employed
cliente/a	(16)	customer, client		convencer(se)	(24)	to convince (oneself)
clima, el	(19)	climate		conveniente	(22)	convenient, appropriate
club, el	(35)	club		convertir	(23)	to convert
cobrar	(20)	to collect		copa, la	(29)	cup
coger	(6)	to take		copiar	(11)	to copy
cojear	(36)	to limp		correcto/a	(4)	correct
cojo/a	(36)	limp		corregir	(11)	to correct
col, la	(26)	cabbage		correr	(3)	to run
coleccionista, el, la	(28)	collector		cortar	(6)	to cut
colina, la	(19)	hill		cortésmente	(4)	courteously
collar, el	(6)	necklace		cosecha, la	(31)	crop, harvest
colocar(se)	(40)	to stand, place oneself		costa, la	(14)	coast
combate, el	(44)	fight		costar	(10)	to cost
comentar	(36)	to comment		costumbre, la	(18)	custom
comenzar	(4)	to begin		crecer	(21)	to grow
cómodo/a	(28)	comfortable		creencia, la	(23)	belief
compadre, el	(36)	mate		creer	(2)	to believe
competición, la	(42)	competition		criatura, la	(19)	creature
complacido/a	(41)	pleased, satisfied		cristal, el	(27)	glass
completar(se)	(15)	to finish		criticar	(40)	to criticise
complicado/a	(28)	complicated		crujido, el	(6)	crack (sound)
comprender	(15)	to understand		cuadra, la	(13)	stable
comprobar	(2)	to check		cuartel, el	(42)	barracks
concertar	(30)	to arrange		cubertería, la	(29)	cutlery
concluir	(10)	to conclude		cubrir	(40)	to cover

cuchillo, el	(29)	knife
cuello, el	(31)	neck
cuerda, la	(39)	rope
cuidar	(50)	to care
cumbre, la	(45)	hilltop, mountain top
cuñado/a	(16)	brother/sister-in-law
cura, el	(1)	priest
curar	(49)	to cure
curiosidad, la	(28)	curiosity

D

daño, el	(28)	damage
dato, el	(43)	datum, piece of data
declarar	(35)	to declare
dedicado/a	(32)	dedicated
defecto, el	(48)	defect, fault
defender	(23)	to defend
defensa, la	(42)	defence
delegado/a	(29)	delegate
denso/a	(25)	dense
dependiente, el, la	(10)	shop assistant
desabrochado/a	(31)	unfastened, undone
desaparecer	(47)	to disappear
descanso, el	(48)	rest
descartar	(22)	to set aside, discard
descubrir	(32)	to discover
desear	(47)	to desire
desesperar	(8)	to despair
desfilar	(44)	to parade, march
despedir	(12)	to say goodbye
desperdiciar	(37)	to waste
desperfecto, el	(41)	damage
despertar	(33)	to wake up
despistado/a	(9)	scatterbrained
desprender	(29)	to part with
destacado/a	(6)	notable, outstanding
devolver	(7)	to return
diamante, el	(6)	diamond
diámetro, el	(44)	diameter
dictar	(26)	to dictate
diferencia, la	(44)	difference
digno/a	(33)	worthy
dirigir(se)	(10)	to go (in the direction of)
disculpa, la	(12)	apology
disculpar(se)	(12)	to apologise
discutir	(50)	to argue
diseño, el	(28)	design
disparar	(13)	to shoot
dispuesto/a	(6)	ready
distinto/a	(27)	different
divino/a	(50)	divine
dubitativo/a	(32)	unsurely
dueño/a	(7)	owner
dulce	(12)	sweet

E

echar	(8)	to throw (something) in
edad, la	(4)	age
elección, la	(46)	choice
electricidad, la	(2)	electricity
elegante	(4)	elegant
elegir	(46)	to choose
empezar	(19)	to begin
enamorar(se)	(4)	to fall in love
encantado/a	(18)	delighted
encantador/a,	(39)	charming
encargar	(13)	to entrust, put someone in charge of something
encontrar(se)	(4)	to find oneself
enfadar(se)	(11)	to get angry
enriquecer(se)	(13)	to get rich
enseñar	(28)	to teach
entender	(32)	to understand
enterar(se)	(12)	to discover, learn
enterrar	(19)	to bury
entorno, el	(28)	surroundings
entregar	(9)	to hand over, deliver
entretener	(26)	to entertain
entretenido/a	(42)	entertaining
entrevistado/a	(26)	interviewed
epidemia, la	(49)	epidemic
época, la	(24)	epoque
equivaler	(15)	to be equivalent to
equivocar(se)	(13)	to be mistaken, make a mistake
erradicar	(49)	to eradicate
escalera, la	(47)	staircase
escandalizado/a	(30)	shocked

esconder(se)	(20)	to hide		farmacéutico/a	(13)	chemist
escopeta, la	(24)	shotgun		favor, el	(17)	favour
esfuerzo, el	(41)	effort		fe, la	(45)	faith
esparcir	(44)	to scatter		fecha, la	(9)	date
especia, la	(26)	species		feliz	(7)	happy
espectáculo, el	(39)	show, spectacle		feria, la	(36)	fair
espectador/a	(26)	spectator		ferroviario/a	(48)	railway (adj.)
especulación, la	(1)	speculation		fiar	(16)	to trust in
esperar	(15)	to wait, hope		ficha, la	(22)	record card
espléndido/a	(21)	splendid		fiera, la	(39)	wild beast
establecer	(34)	to establish		fijar(se)	(28)	to stare at something
estadio, el	(20)	stadium		fijo/a	(37)	permanent, established
estallar	(44)	to break out, explode		fin, el	(42)	end
estancia, la	(42)	stay		final, el	(15)	end
estantería, la	(47)	shelf		fingir	(21)	to pretend
estrechez, la	(7)	narrowness		flor, la	(26)	flower
estropear	(6)	to ruin, spoil		florista, el, la	(27)	florist
estupendo/a	(2)	marvellous, great!		flotar	(50)	to float
estúpido/a	(26)	stupid		fondo, el	(40)	background
etapa, la	(7)	stage, phase		fontanería, la	(2)	plumbing
eterno/a	(17)	eternal		forma, la	(20)	form
evitar	(20)	to avoid		formación, la	(2)	training
examen, el	(11)	examination		fortuna, la	(1)	luck
examinar	(5)	to examine		frecuencia, la	(25)	frequency
excepcionalmente	(10)	exceptionally		frecuente	(28)	frequent
exclamar	(7)	to exclaim		freno, el	(2)	brake
excusa, la	(24)	excuse		frío, el	(13)	cold
exigir	(7)	to demand		fuente, la	(48)	fountain
expediente, el	(22)	record		fumar	(40)	to smoke
expeditivo/a	(38)	expeditious		funámbulo/a	(43)	tightrope walker
explosivo, el	(44)	explosive		función, la	(39)	function
exquisito/a	(35)	exquisite		funcionar	(49)	to work
extender	(49)	to spread		fundado/a	(37)	founded
extrañar(se)	(43)	to be surprised				
extrañeza, la	(18)	surprise				
extremado	(50)	extreme				

F

fabada, la	(48)	bean and pork stew
fábrica, la	(2)	factory
faisán, el	(30)	pheasant
fallar	(36)	to fail
falta, la	(40)	lack of
famoso/a	(26)	famous

G

gallina, la	(49)	chicken
ganadero/a	(31)	livestock farmer
ganado, el	(36)	livestock
ganar	(1)	to eran (money)
gana, la	(12)	desire
gastar(se)	(14)	to spend
gemir	(38)	to groan
genial	(21)	brilliant
gente, la	(19)	people

gesto, el	(3) gesture	inconveniente, el	(26) drawback
glotón/ona	(30) glutton	indecente	(43) indecent
golpear	(27) to hit	indígena, el, la	(23) native
gordo/a	(48) fat	indignado/a	(18) furious
gorila, el, la	(39) gorrilla	indignar(se)	(35) to get angry
gracia, la	(36) amusement	infantería, la	(44) infantry
gracioso/a	(14) gracious	infectar(se)	(23) to become infected
grado, el	(44) degree	infierno, el	(4) hell
granada, la	(44) grenade	informar	(14) to inform
granja, la	(49) farm	ingeniero/a	(48) engineer
gritar	(6) to shout, cry	ingenio, el	(21) talent
groseramente	(4) rudely	ingenioso/a	(17) ingenious
guapo/a	(4) handsome/pretty	inicial	(17) initial
guardar	(7) to keep	inmutar(se)	(6) to move
guardia civil, el, la	(36) civil guard	inservible	(22) useless
guarnición, la	(42) dressing	insistentemente	(14) insistently
		insistir	(3) to insist
		instalar(se)	(19) to install
		insulto, el	(35) insult

H

habitual	(44) usual	intención, la	(7) intention
hallar(se)	(13) to be (located)	intentar	(19) to try
hambre, el (fem.)	(14) hunger	interrumpir	(37) to interrupt
harto/a	(38) fed up	intervenir	(23) to intervene
herencia, la	(29) inheritance	intimidado/a	(15) intimidated
herido/a	(35) wounded	intrigado/a	(12) intrigued
herrero/a	(48) blacksmith	inventar(se)	(24) to invent
hervir	(26) to boil	inversa (a la)	(11) the other way round
hierba, la	(21) grass, herbs	invertir	(1) to invest
hierro, el	(8) iron	investigación, la	(18) investigation
hogar, el	(33) home	invitación, la	(39) invitation
honesto/a	(34) honest	invitar	(4) to invite
honor, el	(32) honour	ira, la	(34) anger
hormiguero, el	(28) ant-hill	irónico/a	(25) ironic
humillado/a	(12) humiliated	irremediablemente	(34) irremediably
humor, el	(14) humour	irritar(se)	(12) to become irritated
		isla, la	(42) island

I

J

		jabalí, el	(24) boar
idear	(21) to conceive	jactar(se)	(20) to boast
ignorar	(27) to ignore	jadear	(45) to pant
impacientar(se)	(25) to become impatient	jamón, el	(16) ham
inaugurar	(32) to inaugurate	joyero/a	(6) jeweller
incendio, el	(35) fire	juerga, la	(3) party, a good time

L

labor, la	(15)	job, task
lado, el	(13)	side
ladrón/ona	(5)	thief
lamentar(se)	(24)	to regret
langosta, la	(30)	lobster
lanzar	(31)	to throw
lástima, la	(16)	shame
lavar	(2)	to wash
león/ona	(39)	lion/lioness
letra, la	(38)	letter
levantar(se)	(29)	to get up
librar(se)	(27)	to free oneself
limpiar	(28)	to clean
líquido, el	(2)	liquid
listo/a	(15)	ready, clever
llave, la	(33)	key
llegar	(3)	to arrive
llenar	(18)	to fill
llover	(47)	to rain
lluvia, la	(47)	rain
lógico/a	(11)	logical
lucha, la	(18)	fight, struggle
lunar, el	(28)	mole

M

machista	(35)	chauvinistic
madrugada, la	(3)	dawn, early morning
maestro/a	(11)	master
maldito/a	(18)	damned
maleta, la	(9)	suitcase
malhumorado/a	(33)	bad-tempered
mandamiento, el	(5)	commandment
manjar, el	(5)	special dish
mantener	(31)	to maintain
marfil, el	(5)	ivory
marqués/esa	(21)	marquis/marchioness
mártir, el, la	(23)	martyr
meditar	(49)	to meditate
mentir	(38)	to lie
meter(se)	(6)	to go (in the sense of «position oneself»)
mezclar	(49)	to mix
miembro, el	(42)	member
militar, el, la	(42)	soldier
mina, la	(18)	mine
minúsculo/a	(28)	tiny, minute
mirar	(2)	to look
misa, la	(19)	mass
misericordioso/a	(34)	merciful
misionero/a	(23)	missionary
mitad, la	(6)	half
modernizar	(34)	to modernise
mojado/a	(14)	wet
molestar	(1)	to annoy
monaguillo, el	(3)	altar boy
monje/a, el, la	(32)	monk
montado/a	(18)	mounted
montón, el	(22)	pile
morder	(9)	to bite
moreno/a	(48)	brown
morir(se)	(19)	to die
moro/a	(13)	Moorish
mostrador, el	(47)	counter
mostrar	(9)	to show
mote, el	(48)	nickname
motivo, el	(4)	motive
motor, el	(2)	engine
mover(se)	(25)	to move
movimiento, el	(3)	movement
mulo/a	(18)	mule
multitud, la	(24)	crowd

N

nacimiento, el	(37)	birth
naranja, la	(30)	orange
nata, la	(30)	cream
negar(se)	(6)	to refuse (to do something)
negociante, el, la	(13)	negotiator
negocio, el	(1)	business
nervioso/a	(9)	nervous
neumático, el	(2)	tyre
nieto/a	(48)	grandson/granddaughter
nieve, la	(45)	snow
normal	(5)	normal
novio/a	(31)	boyfriend/girlfriend

O

obedecer	(26)	to obey
observar	(36)	to observe
ocasión, la	(3)	occasion
ocasionar	(35)	to cause
ocultar	(31)	to hide
ocupante, el, la	(9)	occupant
ocupar	(9)	to occupy
ocurrir(se)	(15)	to happen
ofender(se)	(13)	to be offended
ofendido/a	(4)	offended
oficial, el, la	(24)	officer
ofrecer	(1)	to offer
ojo, el	(30)	eye
olvidar	(5)	to forget
orden, la	(37)	order
ordenar	(22)	to order
oreja, la	(38)	ear
orgulloso/a	(31)	proud
origen, el	(13)	origin
orquesta, la	(42)	orchestra
oscuridad, la	(50)	darkness
oscuro/a	(31)	dark
oveja, la	(46)	sheep

P

pacientemente	(5)	patiently
pagar	(2)	to pay
paja, la	(13)	straw
pájaro, el	(28)	bird
palmera, la	(19)	palm tree
pantalón/ones, el, los	(9)	trousers
papeleta, la	(16)	paper basket
parado/a	(25)	unemployed, stopped
paraguas, el	(5)	umbrella
parásito, el	(37)	parasite
parecer	(4)	to look like
pared, la	(6)	wall
parlamento, el	(27)	parliament
párroco, el	(17)	parish priest
parroquia, la	(37)	parish church
pasajero/a	(9)	passenger

pastor/a	(1)	protestant minister, clergyman
pata, la	(36)	leg
patio, el	(21)	patio
pato/a	(30)	duck
patrulla, la	(44)	patrol
pavo/a	(16)	turkey
payaso/a	(39)	clown
pedazo, el	(44)	piece, bit
pediatría, la	(22)	paediatrics
peligro, el	(1)	danger
peligroso/a	(39)	dangerous
pelo, el	(48)	hair
peluquero/a	(50)	hairdresser
perder	(1)	to lose
perdiz, la	(24)	partridge
perdonar	(4)	to excuse, pardon
perfecto/a	(10)	perfect
periódico, el	(8)	newspaper
periodista, el, la	(26)	journalist
perito, el, la	(46)	expert
perplejo/a	(43)	perplexed, puzzled
perseguir	(36)	to pursue
persiana, la	(31)	blind
pertenecer	(5)	to belong
pieza, la	(29)	piece
pinchar	(31)	to stick
pinta, la	(28)	appearance
pintar	(38)	to paint
pisado/a	(44)	trodden on, trampled
pitar	(20)	salir pitando = to beat it
pizarra, la	(38)	blackboard
planta, la	(28)	plant
plata, la	(5)	silver
plato, el	(14)	plate, dish
playa, la	(14)	beach
polizón, el, la	(20)	stowaway
polo, el	(50)	pole
posterior	(47)	rear
postre, el	(30)	dessert
precaución, la	(41)	precaution
precioso/a	(6)	precious
precisar	(15)	to specify
predicador/a	(34)	preacher
predicar	(17)	to preach

premio, el	(16)	prize		realizar	(6)	to realize
preocupado/a	(5)	worried		rebaño, el	(46)	flock, herd
preocupar(se)	(16)	to worry		receta, la	(26)	recipe
preparar	(5)	to prepare		rechistar	(15)	to mumble, mutter
presa, la	(24)	prey		recoger	(8)	to collect
presión, la	(2)	pressure		recomendar	(6)	to recommend
prestado/a	(33)	lent		recompensa, la	(7)	reward
préstamo, el	(17)	loan		reconocer	(5)	to recognise
prestar	(17)	to lend		recordar	(5)	to remember
prestigioso/a	(35)	prestigious		recreativo/a	(42)	recreational
pretender	(30)	to pretend		recuperar	(5)	to recover
privilegio, el	(35)	privilege		reflexionar	(24)	to reflect on
probar(se)	(10)	to try		reforma, la	(34)	reform
procedente	(45)	coming from		regalar	(39)	to give as a gift
procedimiento, el	(44)	procedure		regalo, el	(26)	present
prohibir	(42)	to prohibit		reír(se)	(9)	to laugh
prometer	(7)	to promise		relatividad, la	(32)	relativity
proponer	(7)	to propose		reloj, el	(4)	watch
proseguir	(18)	to continue		remedio, el	(49)	remedy, cure
próspero/a	(13)	prosperous		repetir	(41)	to repeat
protector/a	(28)	protector		replicar	(1)	to answer
proteger(se)	(10)	to protect (oneself)		resbalar	(39)	to slip
provocar	(25)	to provoke		resolver	(25)	to resolve
próximo/a	(26)	next		respeto, el	(18)	respect
proyección, la	(42)	showing		responder	(1)	to respond
puente, el	(33)	bridge		responsable, el, la	(27)	person in charge, head
puerta, la	(3)	door		respuesta, la	(4)	response
puerto, el	(50)	port		resto, el	(18)	rest
puesto, el	(8)	position, job		resultar	(50)	to result
pulir	(6)	to polish		revelar	(26)	to reveal
puño, el	(5)	fist		revisar	(22)	to review
pupitre, el	(38)	pulpit		revisión, la	(2)	review
				revisor/a	(9)	ticket collector
				revista, la	(26)	magazine
				revoltoso/a	(38)	rebellious

Q

quejar(se)	(33)	to complain
querer	(14)	to love, want
queso, el	(30)	cheese
quitar(se)	(40)	to take off

R

rato, el	(9)	time
razonar	(15)	to reason
reacción	(15)	reaction

riesgo, el	(6)	risk
rifa, la	(16)	raffle
risa, la	(36)	laughter
robar	(5)	to rob, steal
rodear	(28)	to surround
romper	(39)	to break
rubio/a	(48)	blond
ruido, el	(45)	noise
ruina, la	(33)	ruin
rural	(18)	rural

S

sabio/a	(1)	wise
sacar	(9)	to take out
salchicha, la	(24)	sausage
salmón, el	(30)	salmon
saltimbanqui, el, la	(43)	juggler
salvaje	(39)	wild
salvar	(34)	to save
sano/a	(36)	healthy
sarcástico/a	(35)	sarcastic
sastre/a	(50)	tailor
satisfecho/a	(41)	satisfied
secamente	(37)	drily
secreto, el	(24)	secret
secta, la	(19)	sect
seguir	(3)	to follow
seguridad, la	(21)	security
seguro/a	(46)	sure
semáforo, el	(25)	trafficlight
sembrar	(18)	to sow
señal, la	(18)	signal
señalar	(3)	to indicate, point to
serpiente, la	(39)	snake
silencio, el	(4)	silence
similar	(28)	similar
simpático/a	(4)	pleasant, friendly
sitio, el	(10)	place
situar(se)	(21)	to be located
sobre, el	(11)	envelope
sobrino/a	(16)	nephew/niece
solemne	(34)	solemn
soler	(2)	to usually do something
sombrero, el	(10)	hat
sonreír	(9)	to smile
sopa, la	(14)	soup
soportar	(31)	to bear
sorbo, el	(12)	sip
sordo/a	(50)	deaf
sorprender(se)	(18)	to be surprised
sorteo, el	(16)	draw (lottery)
sospechar	(5)	to suspect
sospechoso/a	(5)	suspicious
subir	(47)	to go up
sudoroso/a	(8)	sweaty
suelo, el	(8)	floor
suerte, la	(14)	luck
suficiente	(8)	sufficient
sufrir	(28)	to suffer
sumido/a	(23)	immersed
suspender	(11)	to suspend, fail
suspicaz	(38)	distrustful

T

tacaño/a	(50)	mean
táctica, la	(44)	tactics
tajante	(19)	incisive, emphatic
taller, el	(6)	workshop
tamaño, el	(28)	size
tanque, el	(44)	tank
tarea, la	(28)	task
taza, la	(12)	cup
tela, la	(13)	cloth
temblar	(6)	to tremble
temer	(1)	to fear
temporada, la	(21)	season
tendencia, la	(35)	tendency
tendero/a	(16)	shopkeeper
terco/a	(29)	stubborn
terminar	(4)	to finish
tertulia, la	(23)	gathering
tesoro, el	(6)	treasure
tienda, la	(6)	shop
tigre/esa	(39)	tigre/tigress
timbre, el	(14)	stamp
típico/a	(4)	typical
tirado/a	(8)	(lying) on the floor
tirar(se)	(22)	to throw oneself
titular, el	(35)	headline
tocar	(15)	to touch, play
tono, el	(25)	tone
torpe	(41)	clumsy
torre, la	(23)	tower
tradición, la	(18)	tradition
tradicional	(40)	traditional
traer	(10)	to bring
tráfico, el	(25)	traffic
traje, el	(50)	suit
transmitir	(48)	to transmit

trapecista, el, la	(39)	trapeze artist
tratar	(15)	to treat, try
trato, el	(46)	treatment
travieso/a	(38)	naughty
tremendo/a	(50)	tremendous
trigo, el	(49)	wheat
tropa, la	(42)	troop
trozo, el	(8)	piece
truco, el	(21)	trick
trufa, la	(30)	truffle
tubería, la	(8)	pipe
túnel, el	(41)	tunnel
turrón, el	(16)	nougat

U

uva, la	(17)	grape

V

vacación, la	(14)	holiday
vaciar	(28)	to empty
valer	(48)	to be worth
válido/a	(8)	valid
valioso/a	(6)	valuable
valle, el	(45)	valley
valor, el	(6)	value
vecino/a	(14)	neighbour
vehículo, el	(25)	vehicle
velada, la	(29)	party, social gathering
velo, el	(40)	veil
vendedor/a	(10)	seller
vender	(10)	to sell
vengativo/a	(27)	vindictive
ventaja, la	(35)	advantage
ventana, la	(14)	window
ventanilla, la	(25)	small window
vestido/a	(15)	dressed in, wearing
veterinario/a	(49)	vet
viejo/a	(9)	old
vino, el	(14)	wine
visita, la	(42)	visit
visitar	(5)	to visit
vista, la	(27)	view
volar	(23)	to fly
volatinero/a	(43)	acrobat, tightrope walker
voltereta, la	(43)	somersault
voz, la	(29)	voice
vuelta, la	(46)	back

Z

zapatero/a	(48)	shoemaker

ESPAÑOL GRADUAL

Nuevas narraciones españolas 1
Nivel elemental

Nuevas narraciones españolas 2
Nivel medio

Nuevas narraciones españolas 3
Nivel avanzado

Nuevas narraciones españolas 4
Nivel superior